AGAPE

_____ 님께
_____ 드림

AGAPE by Padre Marcelo Rossi

© 2011 Marcelo Rossi

Korean translation copyright © 2012 by Openhouse for Publishers Co., Ltd.

이 책의 한국어판 저작권은 대니홍 에이전시를 통한 저작권사와의 독점 계약으로
㈜오픈하우스포퍼블리셔스에 있습니다.
신저작권법에 의해 한국 내에서 보호를 받는 저작물이므로 무단전재와 복제를 금합니다.

아가페

초판 1쇄 인쇄 | 2012년 12월 15일
초판 1쇄 발행 | 2012년 12월 19일

지은이 | 파드레 마르셀로 로시
옮긴이 | 차동엽
발행인 | 정상우
기획 | 김영훈
편집 | 이민정 정희정
마케팅 | 김영란
관리 | 김정숙

발행처 | 오픈하우스 @openhousebooks
출판등록 | 2007년 11월 29일(제13-237호)
주소 | 서울시 마포구 서교동 465-18번지(121-842)
전화 | 02-333-3705 팩스 | 02-333-3745
홈페이지 | www.openhousebooks.com

ISBN 978-89-93824-74-2 (03230)

* 잘못된 책은 구입처에서 바꾸어 드립니다.
* 값은 뒤표지에 있습니다.

아가페

파드레 마르셀로 로시 지음 | 차동엽 옮김

오픈하우스

차례

아가페는 무조건적인 사랑이며, 너그러운 사랑이며, 한계가 없는 사랑입니다. 게다가 순수하며 대가를 바라지 않습니다!

우리는 서로 주고받음의 기대를 품고 행동하는 세상 속에 길들여져 살고 있습니다. 행동은 반응을 낳습니다. 불행하게도, 우리는 이득이 없는 인간관계에 대해서는 열정을 갖지 않습니다. 우정은 항상 기대들과 엮여 있습니다.

"다른 사람이 나에게 무엇을 줄 수 있을까?"

"그 행사에 참여함으로써 나는 무엇을 얻을 수 있을까?"

"그 사람은 누구일까?"

"그의 직업은 무엇일까?"

"그의 가족 배경은 어떤가?"

우리 시대는 본질적인 것보다 겉치장, 곧 스펙을 더 중요시 여기는 시대입니다. 한마디로 슬픈 시대입니다. 이기적인 우정들은 이내 끝장납니다. 관계들은 이냥저냥 엮여 있습니다. 친구들과의 모임에서 제각각 자신에 대해 이야기하는 것을 낙으로 삼는 일이 흔합니다. 이 세대는 자기애에 빠진 세대입니다. 가장 많이 사용되는 대명사는 바로 일인칭 대명사 '나'입니다. 거듭 말하지만, 슬픈 시대입니다.

우리는 자비가 부족한 시대를 살고 있습니다. 자기의 소중한 소유물을 버리는 것보다 한 사람과 의절하는 것이 더 쉬운 시대를 말입니다. 지금 우리에겐 주변 사람들에 대한 배려가 부족합니다. 소비지상주의 때문에 우리는 타인을 마치 물건처럼 대하게 만드는 사회 속에 살기 때문입니다. 우리는 더 많이 가질수록 더 많이 원하고, 우리가 더는 가질 수 없을 때 욕망은 습관으로 자리 잡습니다.

우리는 인생에 대한 꿈이 부족하고 이 꿈의 부재에 대해 고통을 느낍니다.

내가 마르셀로 로시 신부와 돔 페르난도 피구에이레도 신부를 가깝게 알게 되었던 건 상파울루 주에서 교육부 장관이었을 때였습니다. 그때 난 그들에게 상파울루에 FEBEM(아동교육 및 복지기구)으로 알려진 브라질의 미성년자를 위한 재단에서 기념미사를 부탁했었습니다. 이 하느님의 사람들은 즉시 내 부탁을 받아들이고 따뜻한 마음으로 그곳의 소년소녀들에게 아가페 사랑을 전해주었습니다.

내가 이 책의 머리말을 쓰도록 부탁받은 것은 영광입니다. 이는 내가 먼저 마르셀로 로시 신부의 형제적 사랑을 받았고, 또한 그분의 글 속에서 공감, 섬세한 터치, 그리고 깊이를 느낄 수 있었기 때문에 더욱 그렇습니다.

우리는 반드시 아가페 사랑을 소개해야 합니다. 이 사랑은 모든 사람의 영혼에 좋습니다. 우리는 잘못이 올바른 행동을 제압하고 피상적인 것들이 진정한 관계보다 더 많이 확산되는 것을 인정해서는 안 됩니다. 우리는 행복을 발하는 가치들을 반드시 구해내야 합니다. 그런데 짧고 깊게 말하자면, 그것은 바로 하느님의 말씀입니다.

이 책은 요한복음의 일부 구절에 대한 아름다운 묵상을 담고 있습니다. 사도 요한의 문체는 매우 사색적이며 직관적입니다. 그는 풍요로운 의미와 역동적인 문체를 제공하기 위해 비유를 사용했습니다. 이 책의 저자 마르셀로 로시 신부는 요한복음을 흥미롭고 유익하게 풀어줌으로써 우리로 하여금 그 풍요로움과 역동에 동참하게 해 줍니다.

이 책은 친절을 모르는 사회에 대한 사랑의 행동입니다.

친절은 사랑의 산물입니다. 아가페 사랑은 친절을 우러나오게 합니다. 친절은 행동의 사랑입니다.

이 책에서 마르셀로 로시 신부가 우리에게 보내는 초대의 의중은 정확히 이것입니다.

"우리는 잘 해낼 수 있다! 예수님께서 몸소 보여주시고 가르쳐주신 사랑, 그 사랑의 모범과 사건들에 관한 이야기를 우리가 읽고 묵상함으로써, 우리는 세상의 법칙들을 능가할 수 있다. 그분의 열정적인 모습은 우리가 사소하고 물질적이며, 이기적인 세상에서 알게 된 가설들을 믿지 않도록 우리의 마음을 움직인다."

악은 선을 이기지 못합니다. 만일 잔혹한 행동들이 우리를 불편하게 하고, 만연한 폭력이 우리를 위협한다면, 우리는 그것을 극복해야 합니다. 그러기 위해선 우리 내면의 깊은 곳에서 꿈틀거리는 순수한 아가페가 용암처럼 분출해야 합니다.

이 책을 읽는 이들은 이미 '좋은 독서'를 택한 이들입니다. 곧 그들 안에서는 아가페 사랑이 흐를 것이며, 그것은 '좋은 행동'의 결과를 낳을 것입니다.

가브리엘 찰리타
Gabriel Chalita
법철학, 통신 및 기호학 박사이자 작가

번역의 변을 갈음하여

노상 알고 있으면서도 생판 모르겠는 것이 사랑이다.

사랑처럼 절실한 것도 없지만, 사랑하기처럼 미숙한 일도 없다.

사랑은 채워지지 않는 갈망이면서, 풀어야 할 숙제이면서, 돌이킬 수 없는 후회다.

로시 신부의 『아가페』를 번역하면서, 나는 사랑이라는 실체를 가리고 있는 안개가 옅어져감을 느꼈다. 사랑의 신비 자체가 투명을 허락하지 않아 여전히 시야는 희뿌옇지만 『아가페』의 도움으로 나는 사랑의 실루엣을 볼 수 있었다. 그 황홀함에 이끌려 얼떨결에 사랑공부까지 하게 되었다.

처음 번역 의뢰가 왔을 때, 내 눈에 '로시 신부'라는 저자명이 확 들어왔다. "신부가 신부의 책을 번역하기를 거절하면, 그건 의리를 모르는 소치!"라는 명령 같은 생각이 나를 사로잡아, 나는 선택이고 자시고가 없었다.

로시 신부는 브라질에서 그 개방적인 활달함으로 수백만의 젊은이들을 매료시키고 있는 21세기형 신부다. 그의 강론을 듣기 위해 젊은이들은 구름떼처럼 그가 가는 곳을 따라다닌다. 당연히 그는 그들의 영순위 관심사인 사랑에 대하여 이른바 '먹히는' 가르침이 무엇인지 경험으로 깨달았을 터다. 그 체험지體驗知를 그는 사랑의 경전인 요한복음에 비추어 한 마당씩 풀어 놓았다.

로시 신부의 매력과 요한복음의 광채가 어우러졌으니, 굳이 내가 무엇을 보탤 필요가 있으랴.

차동엽 신부

아가페^{Agape}는 신적인 사랑을 뜻하는 그리스 어입니다. 아
가페는 당신 자녀들을 위한 하느님의 사랑입니다. 사실 사
람들이 서로 느끼는 사랑도 이 신적 사랑에서 고무된 것이
라 할 수 있습니다.

하느님은 사랑이십니다. 세계와 인류의 창조는 그분의
지속적인 사랑의 활동입니다. 그런 까닭에, 예언자 이사야
는 다음과 같이 본질을 꿰뚫는 계시를 전합니다.

"너는 눈에 넣어도 아프지 않을 나의 귀염둥이, 나의 사랑이다.
그러니 어찌 해안 지방을 주고도 너를 찾지 않으며 부족들을 내

주고라도 너의 목숨을 건져내지 않으랴! 두려워하지 마라. 내가 너를 보살펴 준다.” (이사야 43, 4-5ㄴ: 공동번역)

　하느님의 말씀은 우리에게 이 계시를 전합니다. 하느님께서는 우리를 사랑하십니다. 하느님께서는 우리를 귀하게 여기십니다. 우리는 왕국들과 국가들보다 더 소중하며, 권력보다 더 소중합니다. 당신 자녀들을 위한 하느님 사랑의 힘은 어떤 다른 힘보다도 셉니다. 온 왕국에 권력을 행사하는 것보다 한 사람의 가치가 더 큽니다. 바꿔 말해서, 권력은 그 중심 관심사가 사람일 경우에만 정당화될 수 있습니다. 권력은 그 자체로 목적이 될 수 없습니다. 권력의 목적은 도움의 손길이 필요한 이들을 위한 돌봄과 존중, 그리고 자선이어야만 합니다. 사랑과 힘으로 충만한 캘커타의 데레사 수녀님은 기도와 실행으로 우리를 일깨웠습니다. 수녀님은 이렇게 「평화의 시」를 노래했습니다.

　가장 아름다운 날, 오늘
　가장 쉬운 일, 의심

가장 큰 장애물, 두려움

가장 심각한 실수, 포기하여 절망하기

모든 악의 뿌리, 이기심

가장 아름다운 직업, 노동

가장 나쁜 길, 소심함

가장 훌륭한 스승, 어린이

가장 시급한 것, 소통하기

가장 큰 행복, 남에게 도움이 되는 것

가장 큰 신비, 죽음

가장 나쁜 결함, 못된 성질

가장 위험한 사람, 거짓말쟁이

가장 상처받은 느낌, 억울함

가장 아름다운 선물, 용서

가장 없어서는 안 될 것, 집

가장 빠른 길, 정도

가장 안락한 느낌, 내적 평화

가장 센 무기, 미소

가장 좋은 처방, 낙관

가장 큰 만족, 의무 이행

가장 센 힘, 믿음

가장 필요한 사람, 부모

모든 것 가운데 가장 아름다운 것, 사랑

사랑이 모든 것 가운데 가장 아름다운 것인 까닭은, 사랑은 실행이기 때문입니다. 사랑은 돌봄입니다. 하느님께서는 우리를 사랑하십니다. 그리고 시가 말하고 있듯이 하느님의 사랑은 우리에게 매일의 평화를 줍니다.

앞에서 인용한 이사야 예언서로 돌아가 봅시다. 단락의 말미에 매일 삶의 여정에서 고통을 겪고 있는 모든 사람들을 위한 위로의 말씀이 있습니다. "두려워하지 마라. 내가 너를 보살펴 준다."

평안은 하느님의 선물입니다. 이 평안은 문제가 더는 존재하지 않는다는 것을 뜻하지 않습니다. 평안은 문제가 있음에도 우리에게 필요한 고요를 가리킵니다. 이는 이를테면 우리에게 희망을 주는 사랑의 새로운 이름이라 할 수 있습니다. 이 평안 속에 있는 사람은, 고통이 다가오는 것을 직면할 때도 희망을 품을 수 있습니다. 희망은 하느님이 우리와 함께하심을 알기에 우리를 평온케 해 줍니다. 정말로 하느님은 우리를 사랑하기에 우리와 함께하십니다.

아가페 사랑은 이렇듯이 하느님의 드러내심입니다. 사랑하시기에 창조하시는 분이 하느님이십니다. 사랑하시기에 구원하시는 분이 바로 하느님이십니다. 그리고 하느님은 사랑하시기에 죄인들을 의롭게 만들어 주십니다.

이 책에서 나는 요한복음의 일부 구절에서 영감을 받아 아가페 사랑에 대해 기술할 것입니다. 의심할 여지없이, 하느님의 모든 사랑은 이 사랑에서 영감을 받고 다른 사랑에 영감을 줍니다. 요한복음의 일부 구절의 선택은 어떠한 중요 기준을 따른 것이 아닙니다. 다만 하느님의 외아들께서 사람으로 태어나심에 서려 있는 아름다움에 주목하려는 의도에 충실했습니다.

이 책은 요한복음의 신학적 풍요로움을 설명하기 위해

쓰였습니다. 성 아우구스티노가 수세기가 지난 오늘에까지 그에 필적할 것이 없을 만한, 거작 『요한복음 해설』에서 진즉 했던 것처럼 말입니다.

이 책엔 기도의 의도도 담겨 있습니다. 이 책은, 아버지의 역할로서, 내가 나의 자녀들과 함께 갖는 대화입니다. 나의 사제직은 하느님을 위한 섬김입니다. 성찬의 전례들 속에서, 라디오 방송들 속에서, 병자의 방문들 속에서, 그리고 사랑이 실현되는 성사들 속에서, 나는 사람들이 아가페 사랑으로 느끼는 일을 하고자 하는 소박한 의도를 가지고 있습니다. 이 아가페 사랑이 우리의 삶에 의미를 부여하는 하느님의 사랑이니 말입니다.

아가페 사랑은 자선을 통해 드러납니다.

마더 데레사께서 돌봤던 수많은 병자들은 그녀의 봉사에 보답할 형편이 못되었습니다. 질다 아른스 박사와 그 제자들에게 도움 받은 보육원 아이들 대부분은 이 존경스러운 분이 누군지 몰랐습니다. 하지만 그녀는 보상을 바라며 활동한 것이 아니었습니다.

가난한 주부들의 동반자이시고 단순함의 성인인 성 프란시스코께서는 자선의 위업을 남기셨습니다. 성인께서는 우리가 받은 것을 줌으로써 자선을 베푸는 것이라는 사실을 가르쳤고, 그 자신이 주님께 미움이 지배하는 곳으로 사랑을 가져가게 해 달라고 청했습니다. 자선을 행한 사람에게 돌아오는 보상은 무엇입니까? 그것은 우리가 상상할 수 있는 것보다 훨씬 큽니다. 이 책에서 우리는 이를 헤아려 보도록 힘쓸 것입니다.

성경은 주님께서 우리들에게 보내 주신 사랑의 편지입니다. 그러므로 우리들이 사랑하고 사랑받을 때 주님께서 우리들에게 보내 주신 이 편지를 읽고 또 읽는 것은 언제나 좋은 일입니다.

성경은 아가페 사랑입니다. 성경은 살아가도록 쓰인 사랑입니다.

나의 축복을 보내며

1

성스러운 말씀

—

한처음, 천지가 창조되기 전부터 말씀이 계셨다. 말씀은 하느님과 함께 계셨고 하느님과 똑같은 분이셨다. 말씀은 한처음 천지가 창조되기 전부터 하느님과 함께 계셨다. 모든 것은 말씀을 통하여 생겨났고 이 말씀 없이 생겨난 것은 하나도 없다. 생겨난 모든 것이 그에게서 생명을 얻었으며 그 생명은 사람들의 빛이었다. 그 빛이 어둠 속에서 비치고 있다. 그러나 어둠이 빛을 이겨본 적이 없다. 하느님께서 보내신 사람이 있었는데 그의 이름은 요한이었다. 그는 그 빛을 증언하러 왔다. 모든 사람으로 하여금 자기 증언을 듣고 믿게 하려고 온 것이다. 그는 빛이 아니라 다만 그 빛을 증언하러 왔을 따름이다. 말씀이 곧 참빛이었다. 그 빛이 이 세상에 와서 모든 사람을 비추고 있었다. 말씀이 세상에 계셨고 세상이 이 말씀을 통하여 생겨났는데도 세상은 그분을 알아보지 못하였다. 그분이 자기 나라에 오셨지만 백성들은 그분을 맞아주지 않았다. 그러나 그분을 맞아들이고 믿는 사람들에게는 하느님의 자녀가 되는 특권을 주셨다. 그들은 혈육으로나 육정으로나 사람의 욕망으로 난 것이 아니라 하느님에게서 난 것이다. 말씀이 사람이 되셔서 우리와 함께 계셨는데 우리는 그분의 영광을 보았다. 그것은 외아들이 아버지에게서 받은 영광이었다. 그분에게는 은총과 진리가 충만하였다. 요한은 그분을 증언하여 외치기를 "그분은 내 뒤에 오시지만 사실은 내가 나기 전부터 계셨기 때문에, 나보다 앞서신 분이라고 말한 것은 바로 이분을 두고 한 말이다" 하였다. 우리는 모두 그분에게서 넘치는 은총을 받고 또 받았다. 모세에게서는 율법을 받았지만 예수 그리스도에게서는 은총과 진리를 받았다. 일찍이 하느님을

본 사람은 없다. 그런데 아버지의 품 안에 계신 외아들로서
하느님과 똑같으신 그분이 하느님을 알려주셨다.

요한복음 1장 1절-18절

요한복음의 시작인 이 구절은 웅장한 운율로 창조와 인
간 구원의 신비에 대하여 이야기합니다.

이 말씀은 하느님께서 어떻게 세상을 창조하셨는지에 대
해 모든 것을 말하지는 않습니다. 이 말씀은 창조가 어떻게
일어났는지에 대해 말하지 않습니다. 말씀은 우리가 동물
들로부터 진화한 것인지 아닌지, 또는 대폭발이 있었는지
없었는지, 그리고 세계가 여러 시대를 거치면서 여러 단계
를 거쳐 완성된 것인지 아닌지 등에 대해 말하지 않습니다.

성경 본문의 핵심은 이 세상 모든 것이 하느님에 의해 만
들어졌다는 사실입니다. 성경 본문은 또한 구원에 대해 말
하고 있습니다. 바로 사람이 되시어 우리들과 함께 사셨던

말씀인, 하느님의 아들에 대해서 말입니다. 그런데 이 일이 일어난 것은 우리로 하여금 사랑을 이해하고 사랑하는 방법을 알게 하기 위함이었습니다. 본질과 말씀. 개념과 행동!

본문의 말씀은 선포자인 세례자 요한에 관하여 알려줍니다. 그의 탄생은 기적이었습니다. 그는 대사제인 즈가리야와 나자렛 마리아의 사촌인 엘리사벳의 아들이었습니다. 그의 탄생을 예고한 천사는 가브리엘이었습니다. 이 부부는 나이가 많았고 엘리사벳은 아이를 못 낳는 여인으로 여겨졌었습니다. 그들에게는 자식이 없었습니다. 그런데 하느님의 도움으로 기적적으로 아이를 낳게 되었던 것입니다.

세례자 요한은 광야에서 울려 퍼진 음성이었습니다. 그는 금욕자로서 살았습니다. 아무 소유도 없이. 그리고 물질에 대한 걱정도 없이. 그는 요르단 강에서 사람들에게 세례를 주었습니다. 그리고 그가 바로 그리스도께 세례를 주었던 사람입니다.

본문의 말씀은 모세에 대해서 언급합니다. 성경은 모세

가 하느님과 얼굴을 마주대고 이야기한 예언자요, 해방자라고 말합니다. 모세는 '물에서 건져졌다'는 의미를 담고 있습니다. 그의 생존은 기적이었습니다. 이집트에서 눈에 거슬리는 히브리인들의 성장을 두려워한 파라오에 의해 모든 히브리 남자 아이들을 죽이도록 명이 떨어졌지만, 모세는 죽음에서 살려졌습니다. 모세는 바구니 안에 있었고 파라오의 딸에 의해 발견되었습니다.

모세는 히브리 백성을 구출해 내어 그들과 함께 사막을 횡단하도록 불리움 받았습니다. 여러 나쁜 일들이 파라오에게 일어나고 전염병이 그의 백성들을 공격하자, 파라오는 히브리 백성들을 보내주었습니다. 얼마 후, 파라오는 그 일을 후회하였지만, 이미 히브리 백성들은 홍해 앞에 있었습니다. 모세는 마침내 홍해를 무사히 건너 하느님의 백성들을 영도하였습니다. 그는 십계명을 받았고, 우상 숭배에 대해 백성들에게 경고하였으며, 약속의 땅을 향해 쉬지 않고 행군하였습니다. 모세는 약속의 땅에 들어가기 전에 죽었습니다. 그의 임무를 이어가도록 선택받은 사람은 여호수아였습니다.

요한복음은 세상을 비추기 위해 오신 빛에 대해서도 말합니다. 바로 이것이 우리가 영감을 얻기 위해 머물러야 할 대목입니다. 빛이라는 주제는 하느님의 모든 말씀 안에 있습니다. 세계와 인류의 창조는 어둠에 대한 빛의 승리입니다. 사도 바울로는 그리스도인들이 '빛의 자녀'임을 천명하였습니다.

그렇다면 빛의 자녀란 어떤 뜻일까요?

암흑이나 어둠의 의미는 우리 눈에 보이지 않거나 우리가 볼 수 없는 것들에 주어지는데, 그 이유는 그들이 자신을 감추기 때문입니다. 폭력, 부패, 거짓말 그리고 죄악은 우리를 어둠으로 이끕니다. 아내를 폭행하거나 아내와의 관계를 배신한 남편은 자신의 수치스러운 행동을 숨깁니다. 자녀에게 거짓말을 하는 아버지나 아버지에게 거짓말을 하는 자녀는 자꾸 숨습니다. 가짜 의사, 거짓말 하는 변호사, 부정한 정치인, 그리고 술 취한 운전자, 이들 모두는 일정하게 어둠 속에서 살고 있습니다.

빛은 드러냅니다. 만일 어느 집안에 어떤 어둠이 있는데 빛이 꺼졌을 경우, 사람들은 관리 소홀과 불결함을 감지하지 못합니다. 빛이 들어오면, 이제 더러움은 불편을 자아내기 시작합니다.

그리스도께서는 빛의 아들이십니다. 그리고 우리 모두는 빛의 자녀로 불리움 받았습니다.

어둠 속에 사는 사람들은 빛을 두려워합니다. 어두운 방에서 창문을 닫은 채 며칠을 보낸 사람들은 빛의 첫줄기가 닿으면 눈이 부셔 앞을 보지 못합니다. 그리고 잠시 잃었던 시력을 찾기 위혜, 그들의 눈은 빛에 익숙해져야만 합니다.

어둠은 우리를 실수에로 이끕니다. 우리가 흔히 저지르는 실수가 아닌 범죄의 일부분 말입니다. 어둠은 이런 잘못의 일부인데, 우리는 그 안에 머물고 싶어 하는 타성을 지니고 있습니다. 우리들이 쉽게 알아볼 수 있는 잘못들은 많지만, 우리는 고집스러움과 자기 관용 때문에 새로운 삶을 추구하지 못하기 십상입니다. 그리고 우리는 같은 실수들을 저지릅니다. 분명히, 세상엔 삶을 불명예스럽게 만드는

악들이 존재합니다. 나는 알코올 중독증을 겪고 있는 우리 형제들이 무던히도 그것으로부터 벗어나고 싶어 하지만 대부분 성공하지 못하고 있다는 사실을 잘 알고 있습니다. 우리는 그들을 판단하지 않습니다. 세상엔 이 형제들을 부랑자, 무책임한 사람 그리고 약한 사람이라고 손가락질 하는 사람들이 많습니다. 알코올 중독은 병입니다. 불법 약물을 복용하는 사람들 또한 지옥 속에서 살고 있습니다. 그들은 중독의 지옥, 그리고 종살이의 지옥 속에서 살고 있습니다. 그렇기 때문에 예방은 매우 중요합니다. 그런 문제가 발생하면 인내, 끈기 그리고 사랑이 많이 필요합니다. 마약을 하는 아이들을 처벌이나 퇴학으로 격리시켜서는 안 됩니다. 중독이 이미 젊은이들에게 삶의 일부가 되어버렸을 경우에는, 그들이 새로운 삶을 살 수 있도록 더 많은 치유와 사랑을 베풀어야 합니다. 바로 빛으로 밝아진 삶 말입니다!

빛은 새로운 것입니다. 우리의 여정은 빛 아래에서만 참되게 성찰될 수 있습니다. 불결한 것들이 끼어들 수 없기 때문입니다.

나는 서로 맞은편에 살던 두 가족의 이야기를 좋아합니다. 그 한 집의 남편은 매일 퇴근길에 자신의 아내가 이웃집에 걸려 있는 더러운 옷을 바라보고 있는 것을 보았습니다. 그녀는 화가 잔뜩 났습니다. 그녀는 이웃이 왜 옷들을 깨끗이 빨지 않는지, 그리고 그 지저분한 것들을 왜 빨랫줄에 널어놓는지 알 수 없다고 푸념했습니다. 그리고 그녀는 이웃이 부주의하고 청결하지 않다고 성급하게 그러나 확신하면서 결론지었습니다. 얼마 후, 아내의 불평에 짜증이 난 남편은, 아주 간단한 제안을 하였습니다. 그는 아내에게 더러워진 거실 창문을 닦으라고 말했습니다. 그럼으로써 더러웠던 것은 이웃의 옷이 아니었다는 사실을 그녀가 볼 수 있었습니다.

이는 단순한 이야기이지만 매우 중요한 교훈을 담고 있습니다. 청결이 결핍된 채로 부주의했던 사람은 이웃이 아니었다는 사실입니다. 다른 사람을 비난하는 것은 쉽습니다. 문제는 항상 다른 사람의 것입니다.

빛의 자녀가 된다는 것은 문제들이 해결될 수 있도록 삶을 밝게 비추는 것입니다. 이런 이유로 우리는 문제들이 언제나 자신 안에 있다고 가정해야 합니다. 이 이야기에서 여자는 더러웠던 것이 그녀의 창문이었다고 생각하지 않았습니다. 이건 심각한 문제입니다. 나의 문제를 직시하는 것이 어려운 것은 내가 그것을 해결해 내지 못했기 때문입니다.

오르기 위한 첫 번째 단계는 내려감을 아는 것입니다. 예수님은 사람들을 위하여 이 세상에 오셨습니다. 그런데 그들은 그분을 알아보지 못하였습니다. 그들에게는 빛이 없었습니다. 아가페 사랑은 빛입니다. 암흑을 없애는 빛, 어둠을 없애는 빛입니다. 결국 세상을 밝히고 따뜻하게 만드는 빛입니다. □

기도

주님,

저는 빛의 자녀가 되고 싶습니다.

저는 당신의 빛에로 이 세상을 데려오고 싶습니다.

주님,

저는 종종 제가 어둠 속에서 살았었다는 사실을 알고 있습니다.

죄가 저를 사로잡았었고, 저는 어둠에 익숙해져 있었습니다.

저는 믿지 않았습니다.

저는 사랑을 저버린 채, 제게 행복을 주지 않는 쾌락을 찾았습니다.

주님, 저는 실수를 저질렀습니다.

하지만 오늘 여기서 저는 당신께 용서를 청합니다.

오늘 여기서 저는 창을 열고 당신의 빛을 받아들입니다.

당신의 빛이 제게 고루 비추게 하시고, 삶에 대한 두려움을 없애주시고, 저로 하여금 선포자가 되게 하소서.

저는 사막에서라도 당신의 사랑을 선포하고 싶습니다.

이것이 저의 사명이며 이것이 제가 이 기도를 바치는 이유입니다.

당신께서 원하시는 것을 저와 함께 하소서.

사랑합니다, 주님.

저는 당신의 자녀입니다.

저는 빛의 자녀입니다.

아멘.

2
가나에서의 혼인

―

이런 일이 있은 지 사흘째 되던 날 갈릴래아 지방 가나에 혼인 잔치가 있었다. 그 자리에는 예수의 어머니도 계셨고 예수도 그의 제자들과 함께 초대를 받고 와 계셨다. 그런데 잔치 도중에 포도주가 다 떨어지자 예수의 어머니는 예수께 포도주가 떨어졌다고 알렸다. 예수께서는 어머니를 보시고 "어머니, 그것이 저에게 무슨 상관이 있다고 그러십니까? 아직 제 때가 오지 않았습니다" 하고 말씀하셨다. 그러자 예수의 어머니는 하인들에게 "무엇이든지 그가 시키는 대로 하여라" 하고 일렀다. 유다인들에게는 정결 예식을 행하는 관습이 있었는데 거기에는 그 예식에 쓰이는 두세 동이들이 돌 항아리 여섯 개가 놓여 있었다. 예수께서 하인들에게 "그 항아리마다 모두 물을 가득히 부어라" 하고 이르셨다. 그들이 여섯 항아리에 물을 가득 채우자 예수께서 "이제는 퍼서 잔치 맡은 이에게 갖다 주어라" 하셨다. 하인들이 잔치 맡은 이에게 갖다 주었더니 물은 어느새 포도주로 변해 있었다. 물을 떠간 그 하인들은 그 술이 어디에서 났는지 알고 있었지만 잔치 맡은 이는 아무것도 모른 채 술맛을 보고 나서 신랑을 불러 "누구든지 좋은 포도주는 먼저 내놓고 손님들이 취한 다음에 덜 좋은 것을 내놓는 법인데 이 좋은 포도주가 아직까지 있으니 웬일이오!" 하고 감탄하였다. 이렇게 예수께서는 첫 번째 기적을 갈릴래아 지방 가나에서 행하시어 당신의 영광을 드러내셨다. 그리하여 제자들은 예수를 믿게 되었다. 이 일이 있은 뒤에 예수께서는 어머니와 형제들과 제자들과 함께 가파르나움에 내려가셨으나 거기에 여러 날 머물러 계시지는 않았다.

요한복음 2장 1절-12절

요한 사도는 예수님의 첫 번째 기적에 대해 언급합니다. 가나에서의 혼인 잔치. 유다인들과 아랍인들은 항상 자녀들의 혼인식에 신경을 많이 썼습니다. 혼인식에서 어떠한 것도 부족하지 않도록 가족들은 수년간 돈을 모았습니다. 가족들에게 혼인식은 중요한 순간이었습니다.

그런데 예수님은 갈릴래아 마을 가나에서의 혼인식에 어머니와 함께 참여하였습니다. 예수님이 당신 어머니에게 "어머니, 그것이 저에게 무슨 상관이 있다고 그러십니까? 아직 제 때가 오지 않았습니다"라고 말했을 때, 그들은 단지 하객일 따름이었습니다. 예수님은 어머니에게 무례하게 말한 것이 아니라, 단지 그들에게 포도주나 음식, 또는 혼인 잔치에 대한 책임이 없다는 사실을 상기시키려 했을 따름입니다. 두 분은 단지 손님일 뿐이었기 때문에.

하지만 마리아는 포기하지 않았습니다. 마리아는 아드님에게 강요하지 않으시고, 그와 싸우지도 않으시고, 말꼬리를 물지도 않으시고, 그리고 설교를 하지도 않으셨습니다.

그녀는 그곳 종들에게 이렇게 말할 따름이었습니다. "무엇이든지 그가 시키는 대로 하여라." 그러자 예수님께서 행하셨습니다. 그는 당신의 첫 번째 기적을 행하셨습니다.

이 구절이 전하고자 하는 바는 아주 간단합니다. 마리아는 자녀들의 문제를 가장 예민하게 신경 쓰는, 자상하고 열성적인 어머니입니다. 가나에서의 신혼부부는 인류를 나타냅니다. 그들은 혼인식에서 포도주가 부족하였고 마리아는 그들의 고통을 이해하고 그들의 문제를 해결해 주려 하였습니다.

마리아는 하느님이 아니고, 여신도 아니며, 생명이 결핍된 이들에게 생명을 가져다 줄 수 있는 능력을 가지고 있지도 않습니다. 하지만 마리아는 하느님 아드님의 어머니이며, 중보자인 동시에 전구자입니다. 포도주는 단지 '부족한 것'에 대한 은유일 뿐입니다. 성모 마리아는 사람들에게 무엇이 부족한지 알고 계십니다. 그러기에 우리들을 위하여 전구해 주십니다.

또 하나 주목할 점은 마리아의 인내입니다.

사람들은 남에게 무엇을 청했을 때 '안 돼요'라는 응답을 받게 될 경우, 일반적으로 고집을 부립니다. 어머니들은 자녀가 자신의 부탁을 거절할 때, 종종 자신이 자녀들을 위해 온 생애를 희생하면서 자녀들을 키웠고 자녀들을 위해 밤을 지새웠는데 그럴 수 있느냐고 따져 묻습니다. 하지만 성모 마리아는 그러지 않았습니다. 성모 마리아는 아드님의 눈을 보면서 당신의 자녀들의 고충을 그에게 보여주시기만 합니다. 그리고 예수님은 어머니의 부탁을 이해하십니다. 예수님께서는 아직 자신의 시간이 오지 않았기에, 기적을 행하는 것이 자신의 계획이 아니라는 사실만을 환기시키십니다. 하지만 어머니의 부탁은 거절할 수가 없었습니다. 어머니는 예수님께 가장 좋은 포도주를 가져오라 청합니다. 예수님은 마지못해 그냥 건성으로 기적을 행하시지 않으셨습니다. 예수님은 최상의 것을 가져오십니다.

구원의 이야기에서 성모님의 역할은 굉장히 소박하지만 본질적입니다. 성모님은 항상 함께 있습니다. 으스대지 않고, 뽐내지도 않고, 성모님은 예수님의 고통에 통곡하였습니다. 성모님은 예수님을 부인하고 배반했던 사도들과 함께 그분이 돌아오시기를 기다렸습니다. 성모님은 증오를 품지도 않았고, 사도들의 배반에 대해 불필요하게 말씀하지도 않았습니다. 성모님은 늘 마음속에 가브리엘 천사의 수태 고지 때 "이 몸은 주님의 종입니다. 지금 말씀대로 저에게 이루어지기를 바랍니다"(루가 1,38: 공동 번역)라고 서원하신 그 사명을 품고 살았습니다.

마리아는 간택 받았고, 그러기에 특권을 지닌 전구자입니다. 마리아는 우리에게 아가페 사랑을 가져왔습니다. 한계가 없는 사랑, 그리고 보상을 바라지 않는 사랑 말입니다.

《로렌조 오일 Lorenzo's Oil》이라는 영화 속에 아름다운 실화가 있습니다. 어떤 여덟 살 소년에게 ALD Adrenoleukodystrophy (부신백질이영양증: X염색체에 영향을 미치는 희귀한 유전 질환)라는 희귀한 질병의 증상이 나타나기 시작합니다. 소년의 부모는 아들의 진단 결과를 들었을 때 이 사실을 받아들일 준비가 되어 있지 않았습니다. 그들은 아들의 생명을 포기할 수 없었기에, 과학을 거슬러 또는 과학 편에 서서 투병을 시작했습니다. 어머니는 얼마 후 마비, 실명 그리고 청력 상실로 더는 소통할 수 없게 된 아들을 돌보기 위해, 그녀가 할 수 있는 모든 것을 해 주었습니다. 그녀의 사랑은 그 어떤 한계보다도 더 컸습니다. 소년의 부모는 그 병에 대해서 의사들보다 더 많이 공부했습니다.

그들은 자녀의 고통을 최소화하기 위한 몇 가지 유형의 치료법을 찾아내었습니다. 하지만 사람들은 편견으로 그들을 무시했고 오해했습니다. 그럼에도 그들은 자신들의 사랑으로 맺어진 결실을 귀하게 여기면서 그 진가를 입증하는 것을 사명으로 여겼습니다.

그들은 오랜 연구 끝에 '로렌조 오일'이라는 이름의 기름 혼합물을 만들어 냈습니다. 혼합물 속 기름 중 하나는 쥐에게 독성을 띠는 성분을 포함했지만, 소년의 부모는 이것으로 인간에게는 병의 영향을 최소화할 수 있다는 확신에서, 그 오일을 아들에게 줄 용기를 냈습니다. 그들을 괴롭힌 강한 비판에도 불구하고, 결과는 승리였습니다. 병이 멈춘 것입니다. 소년은 계속 치료를 받아 오늘날 어른이 되었습니다(2008년 30세로 사망하였다-참고). 그 시절 로렌조 오일을 받지 못한 아동 환자들은 어른으로 성장하지 못했습니다. 아직도 공식 승인을 받지 못한 문제가 남아 있지만, 이 오일은 이 희귀병을 가지고 있는 아이들을 위한 영양분입니다.

아버지와 어머니는 자녀에 대한 사랑을 포기하지 않습니다. 부족한 점 투성이인 지상의 아버지와 어머니도 사랑을 포기하지 않습니다. 하느님은 우리들의 아버지십니다. 그분은 완벽하십니다. 그리고 인류를 돌보기 위해 선택받으셨고, 평화의 여왕이시며, 아가페 사랑의 어머니이신 성모님은 사랑의 현존입니다. □

기도

주님,

저는 당신께서 저를 아시고 제 문제들을 아신다는 것을 알고 있습니다.

저는 제가 길을 잃을 때에도 당신께서 저와 함께 계시다는 것을 알고 있습니다.

저는 모든 것이 부족할 때 주님께서 저와 함께 계시다는 것을 알고 있습니다.

성모님, 저는 당신께서 제 어머니라는 것을 알고 있습니다.

당신의 어머니는 제 어머니이십니다.

성모님, 소박하신 가운데 당신께서는 한 번도 저희 곁에 아니 계신 적이 없으셨습니다. 괴로움이 삶의 축복을 고통스럽게 하는 순간, 당신께서는 그것을 알아채시고 전구할 것을 알고 계셨습니다.

그러기에 저는 당신께 청하오니, 오, 어머니, 저를
위해 전구해 주소서.

　포도주가 모자랄 때, 저를 위해 전구해 주소서.

　무언가가 부족할 때, 저를 위해 전구해 주소서.

　제가 길을 잃었을 때, 저를 위해 전구해 주소서.

　제가 죄를 지을 때, 저를 위해 전구해 주소서.

　제가 사랑하기를 멈출 때, 저를 위해 전구해 주소서.

　사랑이 가득하신 주님, 저희에게 어머니를 보내주셔
서 감사드립니다.

　이는 당신의 강렬한 사랑의 더 큰 증거입니다.

　저희들을 돌보소서.

　아멘.

3

사마리아 여인

———

예수께서 사마리아 지방의 시카르라는 동네에 이르셨다. 이 동
네는 옛날에 야곱이 아들 요셉에게 준 땅에서 가까운 곳인데
거기에는 야곱의 우물이 있었다. 먼 길에 지치신 예수께서
는 그 우물가에 가 앉으셨다. 때는 이미 정오에 가까웠다.
마침 그때에 한 사마리아 여자가 물을 길으러 나왔다. 예수
께서 그를 보시고 물을 좀 달라고 청하셨다. 제자들은 먹을
것을 사러 시내에 들어가고 없었다. 사마리아 여자는 예수
께 "당신은 유다인이고 저는 사마리아 여자인데 어떻게 저

더러 물을 달라고 하십니까?" 하고 말하였다. 유다인들과 사마리아인들은 서로 상종하는 일이 없었던 것이다. 예수께서는 그 여자에게 "하느님께서 주시는 선물이 무엇인지, 또 너에게 물을 청하는 내가 누구인지 알았더라면 오히려 네가 나에게 청했을 것이다. 그러면 내가 너에게 샘솟는 물을 주었을 것이다" 하고 대답하시자 그 여자는 "선생님, 우물이 이렇게 깊은데다 선생님께서는 두레박도 없으시면서 어디서 그 샘솟는 물을 떠다 주시겠다는 말씀입니까? 이 우물물은 우리 조상 야곱이 마셨고, 그 자손들과 가축까지도 마셨습니다. 선생님께서는 이러한 우물을 우리에게 주신 야곱보다 더 훌륭하시다는 말씀입니까?" 하고 물었다. 예수께서는 "이 우물물을 마시는 사람은 다시 목마르겠지만 내가 주는 물을 마시는 사람은 영원히 목마르지 않을 것이다. 내가 주는 물은 그 사람 속에서 샘물처럼 솟아올라 영원히 살게 할 것이다" 하셨다.

요한복음 4장 5절-14절

예수님 시대에 여인들은 항상 열악한 환경에서 살아야만 했습니다. 그들은 남자들에게 종속되어 있었습니다. 그들은 갖가지 편견에 시달렸습니다. 법은 남자보다 여자에게 더 가혹하였습니다. 그런데 예수님은 언제나 여성들에게 둘러싸여 있었습니다. 그들은 가난했고, 체념을 숙명으로 받아들인 채 예수님을 따른 비참한 여인들이었습니다.

윌리엄 베네트의 『미덕의 책2 The Book of Virtues II』에는 중세기 독일에서 일어난 한 사건을 선하는데, 여기 여성들에 대한 아름다운 이야기가 얽혀 있습니다. 이는 1141년의 일입니다. 바바리아 공작 울프 공은 그의 성안에서 스와비아 공작의 군사들과 그의 동생 콘라드 황제에게 포위되었습니다.

그들은 오랫동안 포위되었고, 이를 탈피할 별 도리가 없었습니다. 울프 공은 그의 최악의 적에게 항복하기로 결심했습니다. 그러나 성안의 부인들은 자신들이 안전하게 도피할 수 있도록 청원하는 메시지를 황제에게 보내기로 했습니다. 그들은 다치지 않고 가지고 갈 수 있는 만큼 그들의 재산을 가지고 갈 수 있도록 청했습니다.

요청이 허락되고 모든 성문이 열렸습니다. 여인들은 이상한 짐을 지니고 떠나고 있었습니다. 그것은 금이 아니었습니다. 장신구도 아니었습니다. 그것들은 보석도 멋진 옷도 아니었습니다. 승리자의 복수로부터 남편들을 구하고자 하는 희망에서 그녀들은 자신의 남편을 짐 속에 숨겨 짊어지고 나왔습니다.

이 글은, 선량하고 신심 깊은 콘라드 황제가 이 아름다운 사랑 이야기에 감동받았다고 전합니다. 그런 나머지 그는 여인들의 예사롭지 않은 애정에 감읍하여, 그 여성들과 남편들에게 자유와 안전을 허락했습니다. 그는 그들 모두를 잔치에 초대하여, 그들의 지도자 바바리아 공작과 평화협정을 약속하고 이를 경축하는 축하연을 베풀었습니다.

그 이후로 그 성이 위치한 언덕은 '여인들의 헌신'을 뜻하는 와이버트로이Weibertreu 언덕으로 불리어 졌습니다.

이렇듯이 사랑은 위대합니다. 증오를 누를 힘을 지닌 것은 증오가 아니라 사랑이라는 사실을 확인시켜주는 이야기는 이 밖에도 많이 있습니다.

예수님께서는 누구도 증오로 대하지 않으셨습니다.

요한복음에서 예수님께서는 한 여성을 만나셨습니다. 짐작하건대, 예수님께서는 지치시어 잠시 물을 마시려 멈추신 것이었습니다. 그분께서는 오로지 그분만이 보실 수 있는 방법으로 그 여인을 보셨습니다. 그녀는 사마리아 여인이었고, 그분께서는 유다인이셨습니다. 유다인들은 사마리아인들을 경멸하였고 더더구나 여인들에게는 그 정도가 더 혹독했습니다. 예수님께서 가까이 다가가신 것은 바로 이 경멸 받는 여인에게였습니다. 우선 그분께서는 물을 청하셨습니다. 그 여인은 그늘 사이의 대화가 자연스러운 것이 아니었기에 놀랐습니다. 그녀는 이 유다인 남자가 자기에게 인사조차 안 할 것이라고 생각했습니다. 그녀는 자신이 남자들에게는 안중에 없는 존재라 여겼고, 더더구나 유다인들에게는 더욱 그러할 것이라 생각했습니다. 하지만 예수님께서는 보통 유다인들과는 다른 분이셨습니다.

예수님께서는 자주 그러하셨듯이 여기서도 비유로 말을 건네셨습니다. 그 여인이 대수롭지 않게 여겼던 그 물은 생명수였습니다. 그것은 신체적 목마름과 정신적 갈증을 만족시키는 힘을 가진 물이었습니다. 처음에 그녀는 그분께서 설명하시어도 그 뜻을 이해하지 못했습니다.

하지만 예수님께서는 그녀를 더 깊은 대화로 이끄시며 무척이나 고생했던 그녀의 마음을 감동시키셨습니다. 그녀는 이미 다섯의 남편이 있었고, 현재 남편으로 인해서도 많이 고생하고 있었습니다. 그리고 예수님께서는 이 모든 것을 알고 계셨습니다. 당황과 경탄에 빠진 그녀의 반응을 상상해 보십시오. 통념상 그녀를 쳐다보기조차 하지 않았을 한 유다인 남자가 그녀 생활의 모든 것을 알고 있었습니다. 그분께서는 그녀의 고통, 그녀의 고민과 두려움을 알고 계셨습니다. 그분께서는 그녀의 필요들을 알고 계셨습니다.

동행하던 사도들은 예수님께서 그 사마리아 여인과 시간을 보내실 때, 먹을 것을 사러 시내에 가 있었습니다. 그들은 예수님이 그리웠습니다. 그들은 그분이 그녀에게 다가가 대화를 나누고 있는 것조차 모르고 있었습니다. 예수님은 그 귀한 시간을 사마리아 여인에게 집중하고 있었습니다. 예수님께서는 그녀가 사마리아인이라는 사실, 또 그녀가 이미 많은 남편들을 가졌었다는 사실, 나아가 그녀가 여성이라는 사실 들에 불편해하지 않으셨습니다. 그분의 관심사는 오로지 그녀의 갈증을 풀어주는 것이었습니다.

그 사마리아 여인은 차별받는 여성들과 남성들을 대표합니다. 그들은 덜 깨끗하고, 덜 성스럽고, 덜 부유하고, 덜 고귀하기 때문에 사회의 변두리에서 사는 사람들입니다. 그들은 관심조차 받지 못하는 사람들인 것입니다. 예수님께서는 놀라운 분이십니다. 그분께서는 다른 사람들에게 무엇을 말할지 신경 쓰지 않으십니다. 목마른 자가 있다면 그분께서는 그 갈증을 풀어 주실 준비가 되어 있으십니다. 물질적 갈증과 정신적 갈증, 모두를 말입니다. 예수님께서는 모든 것을 생각하고 계십니다. 그분께서는 그 여인의 우선적 필요들을 무시하지 않으셨습니다. 그분께서는 그녀의 고통과 핍진을 이해하십니다. 그녀는 항상 그녀 자신과 가족을 위해 물을 찾아다녀야 했습니다. 이것이 그녀의 최우선 일거리입니다. 예수님께서는 이해하십니다. 그분은 당신의 언어로 조금씩 그 여인을 감동시키시면서, 시간과 공간을 초월하는 그리고 영원히 지속하는 비물질적인 무언가를 그녀에게 주십니다.

우리는 무엇을 갈구하는가?

관심에 대한 갈구?

사랑에 대한 갈구?

인식에 대한 갈구?

평화에 대한 갈구?

행복에 대한 갈구?

의미 있는 삶의 이야기에 대한 갈구?

예수님께서는 사람들이 우리를 어떻게 생각하는지와 무관하게, 차별을 하든 냉소를 하든 상관없이 우리를 맞이하러 오십니다. 그분께서는 찢어진 옷이나 상처받은 마음을 보지 않으십니다. 그분께서는 오시어 우리와 시간을 보내시며 우리를 되살리는 물을 우리에게 주십니다. □

기도

주님,

저는 목마릅니다.

내 생의 고된 길 위에서

저는 목마릅니다.

포기로 인해, 상실로 인해, 불가해한 문제로 인해,

저는 목마릅니다.

제 죄의 비참함으로,

저는 목마릅니다.

저를 괴롭히는 과거로 인해,

저는 목마릅니다.

저를 겁주는 미래 때문에,

저는 목마릅니다.

주님, 저는 물을 원합니다.

저는 생명수를 원합니다.

저를 씻기고 먹이는 그 물,

저에게 출생, 세례, 바다…… 등을 상기시키는 그 물, 제가 가진 인생의 가능성의 바다를 저에게 보여주는 생명수를 원합니다.

아무것도, 그 누구도 저의 미래를 빼앗지 못합니다.

저는 생명수를 원합니다.

주님, 저는 이 음료를 원합니다.

저를 보지 못하고, 알지 못하고, 저와 같이 지내지 않는 많은 이들이 있음에도,

주님께서는 여기 저와 함께 계셔 주시니 감사드립니다.

예수님, 더 오래 계셔 주세요.

당신의 말씀은 저에게 새 삶을 주십니다.

아멘.

4

오천 명을 먹이시다

—

그 뒤 예수께서는 갈릴래아 호수 곧 티베리아 호수 건너편으로 가셨는데 많은 사람들이 떼를 지어 예수를 따라갔다. 그들은 예수께서 병자들을 고쳐주신 기적을 보았던 것이다. 예수께서는 산등성이에 오르셔서 제자들과 함께 자리 잡고 앉으셨다. 유다인들의 명절인 과월절이 이제 얼마 남지 않은 때였다. 예수께서는 큰 군중이 자기에게 몰려오는 것을 보시고, 필립보에게 "이 사람들을 다 먹일 만한 빵을 우리가 어디서 살 수 있겠느냐?" 하고 물으셨다. 이것은 단지 필립보의 속을 떠보려고 하신 말씀이었고, 예수께서는 하실 일을 이미 마음속에 작정하고 계셨던 것이다. 필립보는 "이 사람들에게 빵을 조금씩이라도 먹이자면 이백 데나리온 어치를 사 온다 해도 모자라겠습니다" 하고 대답하였다. 제자 중의 하나이며, 시몬 베드로의 동생인 안드레아는 "여기 웬 아이가 보리빵 다섯 개와 작은 물고기 두 마리를 가지고 있습니다마는 이렇게 많은 사람에게 그것이 무슨 소용이 되겠습니까?" 하고 말하였다. 예수께서 그들에게 "사람들을 모두 앉혀라" 하고 분부하셨다. 마침 그곳에는 풀이 많았는데, 거기에 앉은 사람은 남자만 약 오천 명이나 되었다. 그때 예수께서는 손에 빵을 드시고 감사의 기도를 올리신 다음, 거기에 앉아 있는 사람들에게 달라는 대로 나누어 주시고 다시 물고기도 그와 같이 하여 나누어 주셨다. 사람들이 모두 배불리 먹고 난 뒤에 예수께서는 제자들에게 "조금도 버리지 말고 남은 조각을 다 모아들여라" 하고 이르셨다. 그래서 보리빵 다섯 개를 먹고 남은 부스러기를 제자들이 모았더니 열두 광주리에 가득 찼다.

요한복음 6장 1절-13절

오천 명을 먹인 기적은 네 복음서에 쓰여 있습니다. 이 이야기는 우리에게 메시아의 역할이 무엇인지 그리고 우리가 그 메시아에게 어떻게 의지해야 하는지를 깨닫게 해 주는 특별한 중요성을 지니고 있습니다.

예수님께서는 군중들을 보시고 그들이 목자를 찾고 있음을 아셨습니다.

그들은 바로 목자 없는 양들입니다. 보살핌 받지 못하는 백성들입니다. 먹을 것 없고 길 대 없는 이 군중들을 알고자 하는 정치적, 종교적 지도자들은 없습니다.

예수님께서는 그들 스스로 양식을 구하도록 멀리 보낼 수 있으셨습니다. 그분께서는 이들에 대한 실질적인 의무가 없으셨습니다. 그러나 그분께서는 그렇게 아니하셨습니다. 오히려 그분께서는 배려하십니다. 그리고 그분의 배려는 그 백성들의 현실에서부터 시작됩니다. 그분은 그들이 무엇을 가지고 있는지 알고자 하십니다. 그들은 다섯 개의 빵과 두 마리의 물고기를 가지고 있었습니다. 다시 말해 일곱 개. 일곱은 전체성을 상징합니다. 예수님께서는 감사 기도를 바친 후 그 빵을 나누도록 분부하십니다. 그리고 그들은 서로 나누었기에 그들이 가지고 있던 소량에서 기적이 일어났습니다. 그 기적으로 그들은 빵을 나누었고, 함께 먹었습니다.

천국과 지옥을 방문한 한 남자의 경험을 말해주는 랍비 문학 이야기가 있습니다. 그는 천국과 지옥에 모두 넘쳐나는 음식이 있다는 것을 알고 놀랐습니다. 더더구나 음식은 무한정이었습니다. 그는 숟가락들도 엄청난 크기였고, 긴 손잡이가 달려 있다는 것을 알아차렸습니다. 차이점은 지옥의 사람들의 몸은 정말 말라 있다는 것이었습니다. 그들의 몸은 왜소했습니다. 그리고 천국의 사람들은 모두 건강했습니다. 그 남자는 망연자실했습니다. 만약 두 곳의 음식이 동일하고, 무한정하다면, 차이가 무엇인가? 그 차이는 협동심에 있었습니다. 지옥에서는 각자가 혼자서 먹으려 하고, 숟가락의 손잡이가 너무 길어, 그들은 모든 음식을 흘리고 제대로 먹지 못하였습니다. 반대로 천국에서는 한 사람이 다른 이의 입에 음식을 넣어주고, 모두가 그렇게 먹고 있었습니다.

아가페는 사랑입니다. 바로 실행하는 사랑입니다. 우리 형제들을 먹이는 것은 그리스도교의 기본적인 본분입니다. 우리는 이기주의가 너무 많이 만연한 세상에서 살고 있습니다. 사람들은 인색해졌습니다.

베네딕토 16세 교황 성하의 회칙 「진리 안의 사랑Caritas in Veritas」 제5장에서 그분께서는 우리들에게 이렇게 가르치십니다.

"빈곤의 가장 심각한 양태 중 하나는 소외입니다. 물질적인 양태를 포함하여 여러 종류의 빈곤을 자세히 살펴보면, 그것들은 소외에서, 사랑받지 못함에서, 사랑하는 것의 어려움 들에서 비롯됩니다. 빈곤은 하느님의 사랑을 거절하여, 자기 자신을 단지 하찮고 덧없는 존재, 곧 우연적인 우주의 '이방인'으로 여기며, 자폐를 탐닉하려는 자의 원초적이며 비극적인 경향에서 생깁니다. 인간은 혼자 있을 때에, 현실에서 분리되었을 때에, 나아가 모든 실재의 기반인 신을 더는 믿지 않을 때에 소외됩니다. 요컨대, 단지 인간의 계획, 이념, 그리고 거짓된 유토피아에 인간이 자신의 과도한 신뢰를 둘 때, 인류는 소외됩니다.

오늘날 인류는 과거보다 훨씬 더 서로 교류하는 것처럼 보입니다. 그런데 이처럼 서로 가까이 있다는 공동의 감정은 이제 진정한 친교로 변화되어야 합니다. 민족들의 발전은 무엇보다도 인류가 서로 평행선을 유지하며 살게 되는 여러 주체가 아닌, 진정한 친교 안에서 함께 살아가는 단 하나의 가족임을 인식하는 데 달려 있습니다."

교황께서는 빈곤을 고독, 또는 이른바 개인주의, 급기야 소외의 결과라고 우리에게 가르쳐주십니다. 그분께서는 세상이 외양상 통합된 것 같지만, 아직도 민족이기주의로 갈라져 있음을 지적하십니다. 그분의 이 예언자적 고발은 민족들의 진정한 발전이 참된 형제애에 달려 있다는 결론으로 이어집니다. 그들이 한 가족의 모든 구성원들이라는 인식을 그분은 말씀하십니다.

오천 명을 먹이심은 우리에게 포용의 가치를 일깨웁니다. 예수님께 그 모든 여자들, 남자들, 그리고 아이들은, 당신 가족의 소중한 일원이었습니다. 그런 이유로 그분께서는 각자 자신의 끼니를 구하도록 그들을 멀리 보낼 수 없었습니다. 그분은 그들이 풀밭에서 편안하게, 대가족의 일원으로 연대감을 느끼면서 음식을 먹고, 귀하게 대접받기를 원하셨습니다. 이 기적 이야기는 오늘 우리 세상에서 우리의 실천을 위해 연출된 사건이었습니다. 생명을 열외시키거나 거짓 유토피아들을 옹호하는 해괴한 이념들은 이 사건과 전혀 연관성을 지니지 않습니다. 사람은 하나의 물건으로 간주될 수 없고, 어떤 양심 무딘 착취의 도구로도 전락할 수 없습니다. 사람은 하느님의 모상으로서 하느님을 닮은 존재입니다. 그러기에 모든 정치적, 문화적, 사회적 행위는 서로 사랑하고 행복하도록 인간을 창조한 본래의 창조 계획을 숭엄하게 존중해야 합니다. ▫

기도

주님,

당신께 청하오니 제가 인색한 마음을 갖지 않게 해
주십시오.

저는 얼마나 많은 은총을 받고 있는지 압니다.

분에 넘치게 너무 많이 갖고 있습니다.

애착 없는 마음, 공유할 수 있는 마음을 당신께 청합
니다.

제 자신을 포용하기가 불가능함을 저는 압니다.

저의 너무 많은 것이 숨겨지고, 잠겨지고, 나누어지
지 못했음을 저는 압니다. 수만 번 제가 인색했음을 압
니다. 물질적인 것들에 집착하고 있음을 압니다.

제가 살기에 필요한 것 이상으로 갖고 있음을 압니다.

제가 나누도록 도와주십시오.

가장 필요로 하는 제 형제들을 돌보도록 저를 도와
주십시오.

빵을 나누고 싶습니다.

빵을 나눔으로 더 커짐을 저는 압니다.

오로지 한 가족을 이루는 지체임을 깨닫고, 서로 돌봐야 함을 압니다.

제 형제들을 돌보기를 원합니다.

주님, 사랑의 깨달음 을 주시어 감사드립니다.

아멘.

5

간음한 여인

예수께서는 올리브 산으로 가셨다. 다음 날 이른 아침에 예수께서 또다시 성전에 나타나셨다. 그러자 많은 사람들이 몰려들었기 때문에 예수께서는 그들 앞에 앉아 가르치기 시작하셨다. 그때에 율법 학자들과 바리사이파 사람들이 간음하다 잡힌 여자 한 사람을 데리고 와서 앞에 내세우고 "선생님, 이 여자가 간음하다가 현장에서 잡혔습니다. 우리의 모세 법에는 이런 죄를 범한 여자는 돌로 쳐 죽이라고 하였는데, 선생님 생각은 어떻습니까?" 하고 물었다. 그들은 예수께 올가미를 씌워 고발할 구실을 찾으려고 이런 말을 하였던 것이다. 그러나 예수께서는 몸을 굽혀 손가락으로 땅바닥에 무엇인가 쓰고 계셨다. 그들이 하도 대답을 재촉하므로 예수께서는 고개를 드시고 "너희 중에 누구든지 죄 없는 사람이 먼저 저 여자를 돌로 쳐라" 하시고 다시 몸을 굽혀 계속해서 땅바닥에 무엇인가 쓰셨다. 그들은 이 말씀을 듣자 나이 많은 사람부터 하나하나 가버리고 마침내 예수 앞에는 그 한가운데 서 있던 여자만이 남아 있었다. 예수께서 고개를 드시고 그 여자에게 "그들은 다 어디 있느냐? 너의 죄를 묻던 사람은 아무도 없느냐?" 하고 물으셨다. "아무도 없습니다, 주님." 그 여자가 이렇게 대답하자 예수께서는 "나도 네 죄를 묻지 않겠다. 어서 돌아가라. 그리고 이제부터 다시는 죄짓지 마라" 하고 말씀하셨다.

요한복음 8장 1절-11절

이 이야기는 심판과 용서할 능력에 대해 성찰하도록 우리를 초대합니다. 캘커타의 마더 데레사는 "여러분이 사람들을 단죄하면, 여러분은 그들을 사랑할 시간을 빼앗기는 셈이다"라고 가르칩니다.

그 간음한 여인은 이미 선고받았습니다. 그녀는 간음하다 잡혔습니다. 그 문제는 공공연한 스캔들이 되었습니다. 이 남자들은 그 선고를 집행하려 했습니다. 그들은 예수님께 다가와 모세의 율법에 호소하였습니다. 다른 여인들이 두려워하여, 같은 범죄에 빠지지 않도록 하기 위해서는 이 여인을 돌로 쳐 죽이는 것이 필요했습니다. 사형을 계속하는 오늘날의 많은 나라들에서처럼, 명예권이 생명권보다 더 중요함을 보이기 위해 그들은 정의를 강력히 요구했습니다. 동방의 많은 나라에서는 그들 남편의 명예를 모독한 죄로 돌로 쳐 죽임을 당하는 여성들이 있습니다.

예수님께서는 땅에 글을 쓰고 계셨습니다. 그분은 일어나서 그 사람들의 양심에 도전하셨습니다. "너희 중에 누구든지 죄 없는 사람이 먼저 저 여자를 돌로 쳐라." 그분이 언급하고 싶으셨던 것은 양심이었습니다. 그 여인은 그녀의 죄가 발각되어 잡힌 것이었습니다.

그렇다면 오직 양심만이 아는 죄악은 무엇인가요? 수많은 이들이 발각되어 모욕을 받습니다. 그리고 그들 중 많은 이들이 자신의 풍기문란은 감춘 채 비난합니다. 사람들이 돌을 던지는 일을 허용하는, 자비 없는 사회가 된다는 것은 안타까운 일입니다. 가해자들에게 다른 이들의 고통은 아무런 느낌도 불러일으키지 않습니다. 우리는 그들의 피해를 상상하지 않고 돌을 던집니다. 경솔하게 뱉은 말이나 험담, 허위 사실 그리고 비난의 돌들을 말입니다. 돌을 던지는 것은 사랑의 그리스도를 전혀 모르는 탓입니다.

우리가 흔히 분노한 나머지 던진 말들, 욱해서 한 말들, 또는 사려 없는 행동으로 사람들에게 상처를 입힐 때, 설령 그것들이 나중에 용서받는다 하더라도, 그들 마음에 지워지지 않을 상흔을 남깁니다. 매사에 모든 이에게 짜증내는 고질적인 습관을 가졌던 어느 소녀의 이야기가 있습니다. 그녀는 험한 말들과 상스런 말투로 사람들을 괴롭혔습니다. 어느 날 교실에서 소녀의 거친 언행을 보고, 선생이 그녀를 불러 백지 한 장을 건네 주었습니다. 선생은 그녀에게 그것을 꾸기라고 했습니다. 그 소녀는 영문을 모른 채, 그 종이를 꾸겨 공을 만들었습니다. 그러자 선생은 그녀에게 그 종이를 꾸기기 이전의 상태 그대로 되돌리라고 말했습니다. 소녀는 아무리 시도해 보아도 주름이 남아 있었기 때문에 선생의 말대로 할 수 없었습니다. 그러자 선생은 그녀에게 사람들의 마음이 그 백지와 같다고 말해 주었습니다.

우리가 타인에게 남긴 인상들은 지워지기 어렵습니다. 이런 이유로 우리는 우리의 가혹한 말들과 성급한 판단과 모욕적인 말들을 조심해야 합니다. 지나고 나서야 그것들을 고치려 한다면 이미 때는 늦어버리기 십상입니다.

이 사건에서 우리가 또 주목해야 할 점은 여인에 대한 예수님의 시선입니다. 그녀는 연민의 시선을 만났습니다. 그녀는 자신이 판결에서 벗어날 수 없다는 것을 알고 있었습니다. 그러나 예수님의 목소리가 그녀를 비난하는 자들을 쫓아 버렸습니다. 그녀는 홀로 예수님과 머물렀습니다. 죄가 없으신 그분만이 그녀를 벌하실 권한과 비난하실 도덕적 권리를 가지고 계셨습니다. 그러나 예수님께서는 그러지 않으셨습니다. 그 반대로 그분의 시선은 그녀에게 또 다른 기회를 주었습니다. 그분께서는 희망이십니다. 예수님께서는 그녀를 보내주셨고 사랑으로 새 삶을 권하셨습니다.

예수님과의 만남은 죄인인 여인의 인생을 변화시킵니다. 이는 새로운 기회입니다. 이는 증오가 아니라, 각자의 인생에서 상실한 것을 회복시키는 힘을 지닌 사랑입니다.

예수님은 여인에게 관심을 기울이십니다. 그분께서는 그녀에게 연민을 품으십니다. 예수님께서는 평화의 시선으로 그녀의 눈을 바라보십니다. 그리고 마음을 다하여 말씀하십니다. 예수님께서는 그녀에게 새 삶을 살 수 있는 기회를 주십니다. ▫

기도

주님,

제가 지금 기도합니다.

저는 당신께 사랑의 은혜를 청하고 싶습니다.

저는 사람들을 증오하거나, 심판하지도, 돌을 던지고 싶지도 않습니다.

저는 비난하는 자가 되고 싶지 않습니다.

저는 마치 제가 죄 없는 듯이 다른 이들의 잘못을 지적하는 위선자가 되고 싶지 않습니다. 저는 사랑할 수 있기를 원합니다. 그저 겉모습만 보지 않는 사랑을, 누구든지 기꺼이 받아들이며 돌보는 사랑을.

제가 희망의 시선을 가져, 그 시선으로 새로운 세상을 발견할 수 있기를 원합니다.

그리하여 내 형제들이 새로운 삶을 꾸리도록 돕고 싶습니다.

주님, 저를 용서해 주셔서 감사합니다.

주님, 제게 희망을 주셔서 감사합니다.

주님, 저를 용서하심으로 저로 하여금 제 형제들을
용서하도록 가르쳐 주심에 감사드립니다.

주님, 이 기도를 들어 주셔서 감사합니다.

아멘.

6

착한 목자

—

예수께서 또 말씀하셨다. "정말 잘 들어두어라. 양 우리에 들어갈 때에 문으로 들어가지 않고, 딴 데로 넘어 들어가는 사람은 도둑이며 강도이다. 양 치는 목자는 문으로 버젓이 들어간다. 문지기는 목자에게 문을 열어 주고 양들은 목자의 음성을 알아듣는다. 목자는 자기 양들을 하나하나 불러내어 밖으로 데리고 나간다. 이렇게 양떼를 불러낸 다음에 목자는 앞장서 간다. 양떼는 그의 음성을 알고 있기 때문에 그를 뒤따라간다. 양들은 낯선 사람을 결코 따라가지 않는다. 그 사람의 음성이 귀에 익지 않기 때문에 오히려 그를 피하여 달아난다." 예수께서 그들에게 이 비유를 말씀해 주셨지만 그들은 그 말씀이 무슨 뜻인지 깨닫지 못하였다. 예수께서 또 말씀하셨다. "정말 잘 들어 두어라. 나는 양이 드나드는 문이다. 나보다 먼저 온 사람은 모두 다 도둑이며 강도이다. 그래서 양들은 그들의 말을 듣지 않았다. 나는 문이다. 누구든지 나를 거쳐서 들어오면 안전할 뿐더러 마음대로 드나들며 좋은 풀을 먹을 수 있다. 도둑은 다만 양을 훔쳐다가 죽여서 없애려고 오지만 나는 양들이 생명을 얻고 더 얻어 풍성하게 하려고 왔다. 나는 착한 목자이다. 착한 목자는 자기 양을 위하여 목숨을 바친다. 목자가 아닌 삯꾼은 양들이 자기 것이 아니기 때문에 이리가 가까이 오는 것을 보면 양을 버리고 도망쳐 버린다. 그러면 이리는 양들을 물어가고 양떼는 뿔뿔이 흩어져 버린다. 그는 삯꾼이어서 양들을 조금도 생각하지 않기 때문이다. 나는 착한 목자이다. 나는 내 양들을 알고, 내 양들도 나를 안다. 이것은 마치 아버지께서 나를 아시고, 내가 아버지를 아는 것과 같다. 나는 내 양들을 위하여 목숨을 바친다."

요한복음 10장 1절-15절

예수님께서는 착한 목자이십니다. 그분께서는 그분의 양들 각각을 돌보십니다. 그분께서는 그분의 양들 각각의 이름, 바로 그들의 신원을 알고 계십니다. 그분의 무리는 동질이 아닙니다. 그들 모두가 제각기 다릅니다. 각각의 양은 자기만의 방식이 있고, 자신만의 문제들이 있습니다. 그들 중 하나가 다치면, 그분께서는 그를 돌보십니다. 그들 중 하나가 더러워지면 그분은 그를 씻겨 주십니다. 양들 생명의 위협을 아랑곳하지 않고, 자신의 이익만을 생각하는 삯꾼들과 참목자이신 예수님은 전혀 다릅니다. 저들은 그의 양들을 모르며 양떼들을 사랑하지 않습니다.

이 가르침은 우리에게 사랑의 배려에 대하여 새삼 묵상하도록 이끌어 줍니다. 의사는 그의 환자들의 목자이기에, 자신의 환자 한 사람, 한 사람의 고통과 상처를 알아야 합니다. 선생도 그의 학생들의 목자입니다. 착한 선생은 그의 학생 모두가 평등할 수 있다고 상상하지 않습니다. 그는 학생 각자를 알고, 각 학생을 개별적으로 돌봅니다. 성직자도

이와 같습니다. 그는 그의 무리들을 돌보는 목자입니다.

예수님은 착한 목자로서 정체성을 지니신 채, 양떼들에게 점점 더 가까이 다가가십니다. 그분은 당신의 양들을 위해 당신 생명을 내놓으십니다. 이것이 아가페, 무조건적 사랑입니다.

캘커타의 마더 데레사는 전 세계를 여행하면서, 그녀가 만난 모든 가난한 사람들에게 사랑을 베풀었습니다. 그녀는 이 소박한 사랑의 일관성과 충만함으로 수녀 군단과 추종자들을 얻었습니다. 그녀가 남긴 숱한 이야기 가운데에는, 극심한 비참함과 괄시를 겪으며 사는 한 호주 남자 노인에 대한 일화가 있습니다. 그는 아주 늙었고, 그의 집은 더러웠으며, 어질러져 있었습니다. 사람들은 그의 초라한 몰골 때문에 그를 무시하고 가까이하려 하지 않았습니다. 하지만 마더 데레사는 그에게 다가가, 그의 집을 정돈하고, 청소하고, 침상을 정리하도록 허락해 달라고 청했습니다. 그는 지금 상태 그대로가 좋다며 사양했습니다. 수녀는 훨씬 더 좋아질 수 있다고 고집하며 청소하기 시작하였습니다. 그녀가 발견한 수많은 먼지투성이 물건 중에는 아주 더

럽고 녹이 슨 낡은 램프가 있었습니다. 그때 그녀는 그 노인에게 전등을 켠 지 얼마나 오래 되었는지 물었습니다. 그는 아무도 그를 방문하지 않았기 때문에 전등이 필요 없었다고 대답하였습니다. 우리의 착한 여인은 만일 수녀들이 매일 그를 방문한다면 그가 전등을 켜는 수고를 할 의향이 있는지를 물었습니다. 그는 행복하게 "그렇다 마다요"라고 대답했습니다. 그리고 그 일이 행해졌습니다. 마더 데레사는 2년 후에 다음과 같은 메시지를 받았습니다. "그녀가 내 인생에 켜 준 전등이 계속 빛나고 있다고, 나의 친구 그녀에게 말해 주세요."

이 이야기는 앞의 복음 말씀과 함께 우리가 얼마나 많이 사랑받고 있는지를 깨닫게 해 줍니다.

마더 데레사의 사랑은 확실히 아가페 사랑의 전형적인 예에 속합니다. 이것이 내가 마더 데레사를 자주 인용하는 이유입니다. 조용하고 강렬한 배려, 하나하나가 독특합니다. 이는 단지 사랑을 위해 행해진 것들이었습니다. 한번은 한 남자가 마더 데레사가 나병 환자를 씻겨 주는 모습을 보고 충격을 받았다고 말했습니다. 하지만 그는 수백만 달러를 준다 하더라도 나병 환자를 씻기는 것은 차마 못하겠다고 말했습니다. 그녀가 대답했습니다. "나도 돈을 위해서는 안 합니다. 하지만 사랑을 위해서, 나는 나병 환자를 씻겨 주겠습니다."

우리 각자는 더러워도, 멍들어도, 병들어도, 하나의 양이며, 그분께서는 당신의 양들을 거부하지 않으십니다. 그분께서는 그 당시 심각하게 차별받았던 나병 환자들을 어루만져 주셨습니다. 그분께서는 죄인들에게 말을 건네셨고, 죽은 자들도 만져 주셨습니다. 그분께서는 당시 불가침의 전통을 거슬러 아이들과 여인들을 보호하셨습니다. 예수님께서는 당신을 아는 사람들과 모르는 사람들 모두를 돌보십니다. 그러나 그분의 양들은 그분을 압니다. 이는 그분이 그들을 알기 때문입니다.

그분께서 그분의 양떼들, 곧 모든 인류를 돌보시는 것은 인간을 창조하신 하느님의 의무입니다. □

기도

주님,

당신께서는 착한 목자이십니다.

저는 당신의 양입니다.

어떤 날 저는 더럽습니다.

다른 날엔 아픕니다.

어떤 날 저는 저 자신을 숨깁니다.

다른 날엔 저 자신을 내보입니다.

저는 가끔은 순하고, 가끔은 안절부절못하는 양입니다.

저는 가끔 길을 잃고, 가끔 발견되는 양입니다.

저는 당신의 양입니다, 주님.

저는 당신의 목소리를 알아듣습니다. 하지만 때로는 귀먹은 채 망연자실하기도 합니다.

저는 당신의 양입니다, 주님.

제가 길을 잃지 않게 해 주시고, 당신 양떼로부터 멀

리 헤매지 않게 해 주십시오.

　하오나 제가 길을 잃으면, 부디 오시어 저를 찾아주
소서.

　아멘.

7

라자로의 부활

—

마리아와 마르타 자매가 사는 베다니아 동네에 라자로라는 병자가 있었다. 앓고 있는 라자로는 마리아의 오빠였다. 마리아는 주님께 향유를 붓고 머리털로 주님의 발을 닦아드린 적이 있는 여자였다. 마리아와 마르타는 예수께 사람을 보내어 "주님, 주님께서 사랑하시는 이가 앓고 있습니다" 하고 전했다. 예수께서는 그 전갈을 받으시고 "그 병은 죽을병이 아니다. 그것으로 오히려 하느님의 영광을 드러내고, 하느님의 아들도 영광을 받게 될 것이다" 하고 말씀하셨다. 예수께서는 마르타와 그 여동생과 라자로를 사랑하고 계셨다. 그러나 라자로가 앓는다는 소식을 들으시고도 계시던 곳에서 더 머무르시다가, 이틀이 지난 뒤에야 제자들에게 "유다로 돌아가자" 하고 말씀하셨다. 제자들이 "선생님, 얼마 전만 해도 유다인들이 선생님을 돌로 치려고 하였는데 그곳으로 다시 가시겠습니까?" 하고 걱정하자 예수께서는 "낮은 열두 시간이나 되지 않느냐? 낮에 걸어 다니는 사람은 세상의 빛을 보기 때문에 걸려 넘어지지 않는다. 그러나 밤에 걸어 다니면 빛이 없기 때문에 걸려 넘어질 것이다" 하시며 이어서 "우리 친구 라자로가 잠들어 있으니, 이제 내가 가서 깨워야겠다" 하고 말씀하셨다. 그러자 제자들은 "주님, 라자로가 잠이 들었다면 곧 낫지 않겠습니까?" 하고 말하였다. 예수께서 하신 말씀은 라자로가 죽었다는 뜻이었는데, 제자들은 그저 잠을 자고 있다는 말로 알아들었던 것이다. 그래서 예수께서는 분명히 말씀하셨다. "라자로는 죽었다. 이제 그 일로 너희가 믿게 될 터이니 내가 거기 있지 않았던 것이 오히려 잘된 일이다. 그곳으로 가자." 그때에 쌍둥이라고 불리던 토마가 자기 동료인 딴 제자들에게 "우리도 함께 가서 그와 생사를 같이합시다" 하고 말하였다. 예수께서 그곳에 이르러 보니 라자로가 무덤에 묻힌 지 이미 나흘이나 지난 뒤였다. 베다니아는 예루살렘에서 오 리밖에 안 되는 곳이어서 많은 유다인들이 오빠의 죽음을 슬퍼하고 있는 마르타와 마리아를 위로하러 와 있었다. 예수께서 오신다는 소식을 듣고 마르타는 마중을 나갔다. 그동안 마리아는 집 안에 있었다. 마르타는 예수께 이렇게 말하였다. "주님, 주님께서 여기에 계셨더라면 제 오빠는 죽지 않았을 것입니다. 그러나 지금이라도 주님께서 ✝하시기만 하면 무엇이든지 하느님께서 다 이루어주실 줄 압니다." "네 오빠는 다시 살아날 것이다." 예수께서 이렇게 말씀하시자 마르타는 "마지막 날 부활 때에 다시 살아나리라는 것은 저도 알고 있습니다" 하고 말하였다. 예수께서 "나는 부활이요 생명이니, 나를 믿는 사람은 죽더라도 살겠고, 또 살아서 믿는 사람은 영원히 죽지 않을 것이다. 너는 이것을 믿느냐?" 하고 물으셨다. 마르타는 "예, 주님, 주님께서는 이 세상에 오시기로 약속된 그리스도이시며 하느님의 아드님이신 것을 믿습니다" 하고 대답하였다. 이 말

을 남기고 마르타는 돌아가 자기 동생 마리아를 불러 귓속
말로 "선생님이 오셔서 너를 부르신다" 하고 일러 주었다.
마리아는 이 말을 듣고 벌떡 일어나 예수께 달려갔다. 예수
께서는 아직 동네에 들어가지 않으시고 마르타가 마중 나
왔던 곳에 그냥 계셨던 것이다. 집에서 마리아를 위로해 주
던 유다인들은 마리아가 급히 일어나 나가는 것을 보고, 그
가 곡하러 무덤에 나가는 줄 알고 뒤따라 나갔다. 마리아는
예수께서 계신 곳에 찾아가 뵙고, 그 앞에 엎드려 "주님,
주님께서 여기에 계셨더라면 제 오빠가 죽지 않았을 것입
니다" 하고 말하였다. 예수께서 마리아뿐만 아니라 같이 따
라온 유다인들까지 우는 것을 보시고 비통한 마음이 북받
쳐 올랐다. "그를 어디에 묻었느냐?" 하고 예수께서 물으
시자 그들이 "주님, 오셔서 보십시오" 하고 대답하였다. 예
수께서는 눈물을 흘리셨다. 그래서 유다인들은 "저것 보시
오. 라자로를 무척 사랑했던가 봅니다" 하고 말하였다. 또
그들 가운데에는 "소경의 눈을 뜨게 한 사람이 라자로를 죽
지 않게 할 수가 없었단 말인가?" 하는 사람도 있었다. 예
수께서는 다시 비통한 심정에 잠겨 무덤으로 가셨다. 그 무

덤은 동굴로 되어 있었고 입구는 돌로 막혀 있었다. 예수께서 "돌을 치워라" 하시자 죽은 사람의 누이 마르타가 "주님, 그가 죽은 지 나흘이나 되어서 벌써 냄새가 납니다" 하고 말씀 드렸다. 예수께서 마르타에게 "네가 믿기만 하면 하느님의 영광을 보게 되리라고 내가 말하지 않았느냐?" 하시자 사람들이 돌을 치웠다. 예수께서는 하늘을 우러러보시며 이렇게 기도하셨다. "아버지, 제 청을 들어주셔서 감사합니다. 그리고 언제나 제 청을 들어주시는 것을 저는 잘 압니다. 그러나 이제 저는 여기 둘러선 사람들로 하여금 아버지께서 저를 보내 주셨다는 것을 믿게 하려고 이 말을 합니다." 말씀을 마치시고 "라자로야, 나오너라" 하고 큰 소리로 외치시자 죽었던 사람이 밖으로 나왔는데, 손발은 베로 묶여 있었고 얼굴은 수건으로 감겨 있었다. 예수께서 사람들에게 "그를 풀어 주어 가게 하여라" 하고 말씀하셨다.

요한복음 11장 1절~44절

예수님께서는 라자로를 위해 슬피 우셨습니다. 예수님께서는 죽음과 상실의 아픔 때문에 우셨던 것일까요, 아니면 당신이 사랑과 능력을 보여 주셨음에도 믿지 않았던 사람들 때문에 눈물을 흘리셨던 것일까요?

어쨌건 예수님께서는 우셨습니다. 예수님은 마리아, 마르타 그리고 라자로를 사랑하셨습니다. 예수님께서는 자주 그들 집에 들르곤 하셨고, 그들을 친구로 대하며 행복해 하셨습니다. 그분은 그들이 슬퍼하는 것을 보길 원치 않으셨습니다. 죽음은 슬픔을 가져오지만, 그렇다고 꼭 절망을 가져올 이유는 되지 못합니다. 죽음은 우리 시대, 이 세상 한계에 대한 인식을 가져옵니다. 죽음은 이미 우리 일상에 드리워져 있습니다. 우리가 매일 직면하는 것들에는 죽음의 편린들이 있습니다. 실망, 배신, 포기 그리고 고독 등 말입니다.

예수님은 라자로를 살려 내셨지만, 몇 년 후에 라자로는 여느 사람처럼 다시 죽었습니다. 우리는 육신의 소멸을 안타깝게 여기지만, 예수님의 말씀을 믿습니다. 예수님께서는 성부 아버지의 집에 있는 많은 거처들에 대해 말씀하셨습니다.

우리는 모두가 사랑하는 누군가의 죽음을 경험합니다. 죽음은 신비에 속하는 것이기에 답답한 영역입니다. 죽음 너머 영원한 영역은 우리가 상세히 알 수 없는 대상입니다. 그것은 아직 나타나지 않은 실재입니다. 그러나 우리는 이 세상에서 우리가 소유한 풍요를 잘 알고 있습니다. 우리의 싱부께서는 충만한 사랑으로 이 세상을 창조하셨습니다. 우리는 모두 각각 다릅니다. 동물들도 마찬가지입니다. 소리, 크기, 형태 등이 말입니다. 지역마다 기후가 다릅니다. 성부께서 우리에게 이미 주신 모든 것, 그리고 현재에도 주시는 모든 것에 아름다움이 깃들어 있습니다. 그럴진대 영원한 생명은 얼마나 더 아름답겠습니까? 그러기에 죽음은 더욱 충만한 삶으로 가는 통로라 할 수 있습니다. 그것은 우리에게 평화를 주는 신앙이며, 동시에 오늘이 마치 마지막 날인 듯이 살아가도록 해 주는 사랑입니다. 열정적으로 살고, 열정적으로 또 다른 삶을 준비하십시오.

내 강의를 들은 어느 분이 나에게 한 이야기를 전해 주었습니다. 누가 쓴지는 모르지만, 그 이야기를 여러분에게 전해 드릴까 합니다.

어느 소녀가 자기 애완견의 죽음을 몹시 슬퍼했습니다. 그녀는 슬픔과 고통으로 눈에 눈물이 그렁그렁했습니다. 그녀와 긴 세월 아름다운 추억을 함께했던 친구 애완견을 정원사가 매장하는 것을 고통스럽게 지켜봤습니다. 한 삽, 한 삽, 흙이 애완견에게 쏟아질 때마다 그녀의 행복도 함께 매장되는 것처럼 느껴졌습니다.

손녀를 바라보던 그녀의 할아버지가 다가와, 그녀를 안아 주면서 속삭였습니다. "슬픈 장면이구나, 그렇지 않니?" 그 소녀는 더욱 슬퍼져 하염없이 눈물을 흘렸습니다.

한편, 진정으로 그녀를 위로해 주고 싶었던 할아버지는 그녀의 관심을 또 다른 현실로 돌렸습니다. 그는 그녀의 손을 잡고 큰 거실 다른 쪽의 창가로 이끌었습니다. 그러곤 커튼을 열고 그녀 앞에 있는 넓은 화원을 보여 주면서 그녀에게 부드럽게 물었습니다.

"저 앞에 노란 장미 덤불들이 보이니? 네가 저것들을 심는 것을 도와주었던 것을 기억하니? 우리가 저것들을 심었을 때도 오늘같이 화창한 날이었단다. 그땐 그저 가시 많은 가지들뿐이었지. 그리고 이젠…… 저기 향기로운 꽃들이 가득하지 않니, 그리고 이제 막 피어날 장미 꽃봉오리들을 보거라."

그 소녀는 얼굴에 남아 있던 눈물을 훔치고서, 벌들이 꽃 위에 앉고 나비들이 즐겁게 펄럭이는 것을 보며 환한 미소를 지었습니다. 아주 많은 각양각색의 장미들이 정원을 장식하고 있었습니다. 할아버지는 그녀가 슬픔을 극복하는 데 도움이 된 사실에 흡족해하며, 그녀에게 다정스레 말했습니다.

"보아라, 나의 작은 소녀야, 인생은 언제나 우리에게 많은 창들을 준단다."

이것이 우리가 가져야 할 관점입니다. 죽음을 슬퍼하는 것은 인간적 감정입니다. 그러나 죽음의 창가에서 줄곧 머물러 있는 것은 마냥 슬픔만을 가져올 따름입니다. 다른 창문을 내다보는 것이 필요합니다. 부모가 자식을 잃고 슬픔에 못 견뎌 생의 의욕마저 잃었지만, 믿음으로 새로운 창문을 내다보고, 혹독한 슬픔을 견뎌낸 이야기들을 우리는 곧잘 들었습니다. 남편을 잃은 여인들이 자녀들 및 손자 손녀들과 함께 행복한 시간을 보내는 것으로, 자신의 슬픔을 달래지 못하는 것이 흉이 되지 않음을 우리는 이해합니다. 나는 이러한 감정들을 결코 사소한 것으로 치부하려 하지 않습니다. 나 역시 내가 사랑하는 사람들의 죽음을 겪었습니다. 나는 그들의 부재를 몹시 그리워했지만, 하느님의 자비가 그들과 함께 하기를 기도했습니다. 한 가족으로서, 수백만인의 한 가족으로서, 우리는 같이 기도합니다. "그리움은 yes, 슬픔은 no!" 그렇습니다. 그리움의 눈물은 흘리되, 슬픔의 눈물은 거두어야 합니다. 왜냐하면 우리 곁을 떠난 우리의 형제자매들은 지금 하느님 곁에, 영원한 기쁨의 지대에 있기 때문입니다.

그리고 또 하나 복음서의 이번 장에서 예수님은 '친구'에 대하여 생각거리를 던져 줍니다. 라자로는 예수님의 친구입니다. 불완전한 친구, 그러나 그럼에도 불구하고 친구입니다. 우리에게도 불완전한 친구들이 있습니다. 하지만 그들은 우리가 가진 소중한 친구들인 것입니다. 그리고 우리역시 우리의 친구들에게 불완전합니다. 이것이 우리의 현실입니다. 이를 우리는 액면 그대로 인정해야 합니다. 불완전한 사람들이 서로 우정을 나누며 완전을 향해 성장해 나가는 것입니다.

중요한 것은 예수님이 '친구'의 죽음을 두고 우셨다는 사실입니다. 조금 있다가 살려낼 것을 아셨지만 우셨습니다. "울지마, 내가 바로 살려낼 테니까" 하고 위로하는 대신 통곡을 하며 우셨습니다. 이는 우리를 위한 눈물이었습니다. 예수님의 위로를 친히 듣지 못하는 오늘 우리들을 위해 우신 것입니다. "슬프겠구나. 아프겠구나. 그 아픔, 나도 느낀다!" 하고 말입니다. 그만큼 예수님은 우리를 사랑하십니다. □

기도

주님,

저는 죽음이 두렵습니다, 주님.

저는 이별이 두렵습니다.

저는 고통이 두렵습니다.

주님,

저는 울었고, 고통을 당하고, 그리고 슬픔에 처해 있습니다.

저는 당신께 기쁨을 청합니다.

주님, 제게 기쁨의 은혜를 베푸소서.

저의 날들이 기쁨의 빛으로 환히 빛나도록.

슬픔이 오래 가지 않도록.

이별에서 제가 절망이 아니라 귀천의 희망을 보도록.

상실에서 제가 위로를 얻도록.

무덤에서 제가 일어나도록.

죽음에서 제가 생명을 얻도록.

주님,

제 기도를 들어 주소서.

아멘.

8

예수님께서 제자들의 발을 씻어 주시다

—

과월절을 하루 앞두고 예수께서는 이제 이 세상을 떠나 아버지께로 가실 때가 된 것을 아시고 이 세상에서 사랑하시던 제자들을 더욱 극진히 사랑해 주셨다. 예수께서 제자들과 같이 저녁을 잡수실 때, 악마는 이미 가리옷 사람 시몬의 아들 유다의 마음속에 예수를 팔아넘길 생각을 불어넣었다. 한편 예수께서는 아버지께서 모든 것을 당신의 손에 맡겨 주신 것과 당신이 하느님께로부터 왔다가 다시 하느님께 돌아가게 되었다는 것을 아시고, 식탁에서 일어나 겉

옷을 벗고 수건을 허리에 두르신 뒤, 대야에 물을 떠서 제
자들의 발을 차례로 씻고 허리에 두르셨던 수건으로 닦아
주셨다. 시몬 베드로의 차례가 되자 그는 "주께서 제 발을
씻으시렵니까?" 하고 말하였다. 예수께서는 "너는 내가 왜
이렇게 하는지 지금은 모르지만 나중에는 알게 될 것이다"
하고 대답하셨다. 베드로가 "안 됩니다. 제 발만은 결코 씻
지 못하십니다" 하고 사양하자 예수께서는 "내가 너를 씻어
주지 않으면 너는 이제 나와 아무 상관도 없게 된다" 하셨
다. 그러자 시몬 베드로는 "주님, 그러면 발뿐 아니라 손과
머리까지도 씻어 주십시오" 하고 간청하였다. 예수께서는
"목욕을 한 사람은 온몸이 깨끗하니 발만 씻으면 그만이
다. 너희도 그처럼 깨끗하다. 그러나 모두가 다 깨끗한 것
은 아니다" 하고 말씀하셨다. 예수께서는 이미 당신을 팔아
넘길 사람이 누군지 알고 계셨으므로 모두가 깨끗한 것은
아니라고 하신 것이다. 예수께서는 제자들의 발을 씻고 나
서 겉옷을 입고 다시 식탁에 돌아와 앉으신 다음 제자들에
게 이렇게 말씀하셨다. "내가 왜 지금 너희의 발을 씻어 주
었는지 알겠느냐? 너희는 나를 스승 또는 주라고 부른다.

그것은 사실이니 그렇게 부르는 것이 옳다. 그런데 스승이 며 주인 내가 너희의 발을 씻어 주었으니 너희도 서로 발을 씻어 주어야 한다. 내가 너희에게 한 일을 너희도 그대로 하라고 본을 보여준 것이다. 정말 잘 들어 두어라. 종이 주 인보다 더 나을 수 없고 파견된 사람이 파견한 사람보다 더 나을 수는 없다. 이제 너희는 이것을 알았으니 그대로 실천 하면 복을 받을 것이다."

요한복음 13장 1절-17절

스승님께서 제자들의 발을 씻어 주십니다. 스승님께서는 어떻게 섬기는지를 가르치는 분이십니다. 능력 중의 능력 은 사실 섬김의 능력입니다.

최후의 만찬을 앞두고 예수님께서는 제자들에게 친히 겸 손의 가르침을 주시기로 결심하십니다.

겸손을 뜻하는 라틴 어 humilitas는 '작은 높이, 작은 키'

를 뜻합니다. 비유적인 의미로는 겸손, 온건, 단순성을 뜻하고, 그리스도교적 의미에서는 섬기는 능력을 뜻합니다.

예수님께서는 우리가 치명적인 한계들을 깨닫도록 우리를 가르치십니다. 일 등급 또는 이 등급 하느님의 자녀는 없습니다. 인생이라는 항로에서, 특등석 또는 비즈니스석 여행자는 없습니다. 우리는 모두 같은 흙에서, 같은 인간 조건에서, 같은 죄의 위험에서, 그리고 성인이 될 같은 가능성에서 만들어집니다.

진정한 지도자는 그 자신의 기득권을 내세우지 않고, 그가 지닌 지위를 뽐내지 않습니다. 왜냐하면 모든 지위가 무상하기 때문입니다. 아무것도 우리에게 이 왕국에서 영속성을 보장하지 않습니다. 우리는 영원을 위해 태어났습니다. 돈은 죽음에서 우리를 구원하지 못하며 지위, 직위, 또는 특권도 그러하지 못합니다. 분명히, 우리는 물질적인 것들을 귀중히 여길 수 있으며, 발전시킬 수 있으며, 그 덕에 탁월한 지위를 차지할 수 있습니다. 하지만 우리가 피해야할 것은, 이들의 노예로 전락되는 것입니다. 그리고 인간들은 삶의 여정에서 무상하지 않은 것을 추구해야 합니다. 영원한 것 즉, 시간을 초월한 것을 말입니다.

십자가의 성 요한은 우리에게 가르칩니다.

"하느님께서는 알려지고자 하는 욕망에서 행한 천 가지 일보다도, 알려지지 않으려는 뜻에서 행한 한 가지 일을 더 기뻐하십니다. 가장 순수한 마음으로 하느님을 위해 일하는 사람들은 다른 이들이 그들의 일들을 보는 것에 신경 쓰지 않을 뿐더러 하느님께서 그것들을 아시는 것조차 원하지 않습니다. 그런 사람들은 비록 하느님께서 알아 주시지 않는다 하더라도, 오로지 사랑의 기쁨을 위하여 그런 선행을 계속할 것입니다."

이는 강제되지 않은 사랑이며, 진지함과 소박함이 빛나는 아름다움입니다. 우리는 얼마나 자주 짧은 생각으로 사람들을 업신여겼습니까? 하지만 우리 모두에게는 그러지 않을 능력이 있습니다. 우리에게는 각자의 차이들을 편견 없이 이해할 수 있는 덕이 있습니다.

성 요한 비안네는 실천 지성이 이론보다 더 중요하다는

것을 보여 주는 모범입니다. 요한의 유아 시절은 프랑스 대혁명으로 점철되어 있었습니다. 그는 1786년 5월 8일에 리옹에 가까운 다딜리 시에서 태어났습니다. 일찍이 그는 사제가 되기를 원했으나, 공부의 어려움을 겪어야만 했습니다. 그는 특히 암기 과목에 약했습니다. 하지만 지도 교수들은 그에게 남다른 하느님 사랑과 동료애가 있음을 근거로 그가 사제직을 받을 자격이 있다고 판단했습니다. 그는 1815년에 사제 서품을 받았습니다. 그로부터 몇 년이 흐른 1818년, 그의 장상들은 그를 시골 벽지 아르스 본당 신부로 발령 냈습니다. 그는 어떤 사제도 그곳에 가길 원하지 않았기에 그 임명을 받아들였습니다.

그 신임 본당 신부는 신자들에게 참 예수님을 알리려는 열망을 품고 완전한 겸손함으로 그곳에 도착했습니다. 그는 성 프란치스코의 가르침을 완벽히 받아들인 프란치스코 삼회 출신입니다. 그는 가난한 이들 중 가난한 이, 모든 이들의 형제가 되기로 마음먹었습니다.

그는 이상적인 고해 신부의 본입니다. 그에 관한 전기에 따르면, 그가 하루 18시간까지 하느님의 자비를 필요로 한 모든 이를 돕기 위해 고해소에서 머물렀다는 이야기들이 있습니다. 이런 방법으로 그는 프랑스의 모든 지역과 유럽의 다른 나라들에서 사람들을 매료시켰습니다. 그는 고통에 대해 듣고 희망의 불꽃을 켜주는 엄청난 능력을 가진 신부였습니다.

이 사제 중의 사제는 기도를 마음껏 즐겼습니다. 그는 하느님의 은총을 그의 형제들에게 나누려면 먼저 그 자신이 그 은총을 받아야 한다는 것을 깨달았습니다. 그는 하느님께 지식의 은혜를 청하는 데에, 많은 시간을 쏟았습니다. 그는 겸손 가운데 형제들에게 경청하고 그들을 이해하는 것이 탁월한 지식의 은혜에 속한다는 사실을 깨달았습니다.

성 요한 비안네는 겸손으로, 그리고 사랑의 실행으로 하느님을 섬기는 것이 다른 어떤 방법들보다도 훨씬 쉬운 길이라는 것을 입증하고, 73세의 일기로 선종했습니다.

이 밖에도 겸손의 표본은 많이 있습니다. 성 베네딕토는 부엌을 선호했습니다. 그는 수도원에 의지하여 살아가기를 원하는 가장 궁핍한 이들을 돌보기 좋아했습니다.

가난한 이들에게 먹을 끼니를 나누어주고 싶어 했던 그는, 수도원 장상과 가끔 충돌할 수밖에 없었습니다. 그는 허가를 구하지 않고 누구에게 어떤 음식을 주어야 할지를 결정할 수 있는 권한을 달라고 장상과 다퉜습니다. 그는 수도원 내부의 요구보다는, 도시의 거리에 있는 굶주린 이들에게 더 큰 관심을 가졌습니다. 어느 날 새 장상은 그가 외투 안에 식량을 숨기고 있는 것을 보고서 그에게 경각심을 주기로 작정했습니다.

"베네딕토 형제, 외투 안에 무엇을 숨기고 있습니까?"

그는 겸손을 다하여 그리고 성령의 감동으로 확신 있게 대답했습니다.

"장미들입니다. 원장님. 그저 장미들일 뿐입니다."

그 장상은 다그쳤습니다.

"그렇다면 나에게 보여 주십시오."

그런데 그가 외투를 열었을 때, 실제로 한 바구니의 아주 아름다운 장미들이 떨어졌습니다. 그 장상이 의심한 음식이 아니었던 것입니다.

기적이 일어났던 것입니다. 베네딕토 성인의 겸손한 나

눔에 감동한 하느님께서 식량을 장미 꽃송이로 둔갑시켜 주셨던 것입니다.

겸손은 우리를 하느님께 더 가까이 데려갑니다. 겸손은 하느님을 우리에게 보여줍니다. 일상생활의 작은 일들에서 우리는 하느님의 현존을 경험합니다. 겸손은 우리의 육안으로 피조물을 관조하는 것을 막는 모든 장막을 벗겨 냅니다. 모든 것이 우리를 위해 창조되었습니다. 그래서 우리는 풍성한 사랑 안에서 살 수 있고 친교를 즐길 수 있습니다. 이것이 바로 아가페입니다. ▫

기도

주님,

저는 당신께 겸손의 은혜를 청합니다.

저는 오만하기를 원치 않습니다, 저는 제 형제들보다 더 크기를 원하지 않습니다.

저는 당신께 겸손의 은혜를 청합니다.

저는 당신께 제가 먼지이며, 먼지로 돌아갈 것을 항상 상기하는 은혜를 청합니다.

저는 겸손의 은혜를 당신께 청합니다.

저는 그 보답으로 제가 어떤 것도 기대하지 않고, 사랑으로 섬기길 원합니다.

저는 당신께 겸손의 은혜를 청합니다.

저는 매일 당신의 가르침을 기억하며 살기를 원합니다.

저는 당신께 겸손의 은혜를 청합니다.

저는 남들을 돌보기를 원하기에, 제가 먼저 오만을

버리고 주님으로부터 돌봄을 받기를 청합니다.

저는 당신께 겸손의 은혜를 청합니다.

저는 종이 되고 싶습니다.

저는 당신께 겸손의 은혜를 청합니다.

아멘.

9

형제애

—

"내가 너희를 사랑한 것처럼 너희도 서로 사랑하여라. 이것이 나의 계명이다. 벗을 위하여 제 목숨을 바치는 것보다 더 큰 사랑은 없다. 내가 명하는 것을 지키면 너희는 나의 벗이 된다. 이제 나는 너희를 종이라고 부르지 않고 벗이라고 부르겠다. 종은 주인이 하는 일을 모른다. 그러나 나는 너희에게 내 아버지에게서 들은 것을 모두 다 알려 주었다. 너희가 나를 택한 것이 아니라 내가 너희를 택하여 내세운 것이다. 그러니 너희는 세상에 나가 언제까지나 썩지 않을 열매를 맺어라. 그러면 아버지께서는 너희가 내 이름으로 구하는 것을 다 들어 주실 것이다. 서로 사랑하여라. 이것이 너희에게 주는 나의 계명이다."

요한복음 15장 12절-17절

이것이 모든 계명 중 가장 큰 계명입니다. 사랑의 계명보다 큰 계명은 없습니다. 구약성경 이래 하느님께서는 사랑을 통해 소통하셨습니다. 우주 존재는 사랑의 증거입니다. 결혼반지는 사랑의 증거입니다. 절망의 현실에서 희망을 전해 주는 예언자들은 사랑의 증거입니다. 하느님의 아가페는 우주와 역사가 존재하는 중요한 이유입니다.

사랑은 우리의 행복을 방해하는 외적 강제가 아닙니다. 사랑은 인간 자신의 조건입니다. 사랑은 생기를 북돋웁니다. 인간 영혼은 사랑으로 인하여 존재합니다.

그리스 사람들은 세 종류의 사랑에 대해 말하였습니다.

에로스, 필리아, 그리고 아가페가 그것입니다. 에로스는 가장 열정적이고 명랑합니다. 에로스는 정의 사랑을 가리킵니다. 필리아는 우정입니다. 필리아는 지적인 사랑을 가리킵니다. 그런데 에로스나 필리아는 조건적인 사랑입니다. 정에 이끌리거나, 지적 욕구를 만족시킬 때만 작동되는 사랑인 것입니다. 그런데 아가페는 신적인 사랑, 즉 보상을 요구치 않는 사랑을 가리킵니다. 그러기에 이 사랑은 순수하고 자유롭습니다. 이 사랑은 좋아서 하는 사랑이 아니라 선에 대한 욕구의 충동으로 하는 사랑입니다.

예수님의 일생은 사랑의 놀라운 이야기입니다. 예수님의 사랑은 우선 배려하고 다음엔 인도하는 사랑입니다. 이는 유리 탁상을 깨뜨려서 상처 입은 아이를 보는 어머니와 같습니다. 그녀는 우선 아이의 상처를 치료해 주고, 불안을 진정시킨 후 그녀의 무릎에서 아이를 달랩니다. 그 후 그녀는 실수를 반복하지 않도록 아이를 지도합니다.

그리스도교 사랑은 우리에게 사도행전의 시작에서 그려진 초기 공동체를 오늘에 살려내도록 호소합니다. 주님께서는 사랑을 통하여 더욱더 많은 사람들을 불러 모으실 것이고, 교회는 서로 사랑함으로 성장할 것입니다. 그리스도인들은 비그리스도인들을 이 사랑의 표양으로써 매료하고자 했습니다. "그들이 얼마나 사랑하는지 보십시오." 점점 더 사람들이 이 사랑의 증거를 보고서 그리스도교에 속하기를 원했습니다. 초기 교회, 아직 겁에 질려 있던 작은 교회가 더 많은 추종자들을 불러 모을 비방은 바로 사랑이었습니다.

형제 여러분, 서로 사랑하는 공동체보다 더 아름다운 것이 없습니다. 사제는 자신의 양떼들이 서로 사랑하고 있음을 느끼면 목자로서 사명을 다하고 있는 줄로 여겨도 무방합니다. 사제는 그의 형제들 사이에서 사랑을 감지하면 안도감을 느낍니다. 사랑은 건설하고, 교화하고, 그 밖의 여러 필요를 공급해 줍니다.

반대로, 사랑의 부재는 가장 나쁜 감정들을 가져옵니다. 시기, 자만, 이기심, 불경, 불의 등을 말입니다. 사랑하는 자는 공정합니다. 사랑하는 자는 진실합니다. 사랑하는 자는 인내합니다. 우리는 고린토인들에게 보낸 편지에서 사도 바울로가 남긴 가르침을 기억합니다. 사랑은 믿음과 희망보다 더 큽니다. 사랑의 다른 이름은 자애입니다. 자애는 에로스도 아니고, 필리아도 아닙니다. 그것은 아가페입니다.

　중국에서 전해오는 것으로, 현자를 찾아가 한 아름다운 소녀를 향한 자신의 감정들에 대해 확신이 없다고 말한 한 소년의 이야기가 있습니다.

　그 현자는 그의 말을 주의 깊게 듣고, 그의 눈을 쳐다보면서 단지 한 가지만을 그에게 주문하였습니다. "그녀를 사랑하거라."

　그는 더 이상 말하지 않았습니다.

　그 소년은 실망하여 말꼬리를 이었습니다. "그러나 저는 아직 의심이 있습니다……."

　다시, 그 현자는 말했습니다. "그녀를 사랑하거라."

　그 청년이 혼란해 하는 것을 보고, 그는 잠시 침묵한 후 말을 이었습니다.

　"내 아들아, 사랑하는 것은 결심이지, 느낌이 아니란다. 사랑은 헌신이란다. 사랑은 동사이며, 이 행동의 열매가 사랑이란다. 사랑은 정원을 가꾸는 훈련이란다. 일의 시작은 너를 귀찮게 할 것이란다. 흙을 준비하고, 씨앗을 심고, 기다려야 하고, 물 주어야 하며 주의를 기울여야 한단다. 재앙, 가뭄이나 폭우가 있을 것이니, 준비되어 있어야 한단다. 하지만 이런 이유로 정원을 포기해서는 안 된단다. 사랑해라. 그저 받아들이고, 귀중히 여기고, 존경하고, 애정과 부드러움, 찬사를 주어라. 그리고 이해해라. 이것이 사랑이란다! 사랑이 없는 인생은…… 아무런 의미도 없단다."

그리고 그 현자는 계속 이어갔습니다.

"사랑이 없는 지성은 너를 괴팍하게 만든다.

사랑이 없는 정의는 너를 증오자로 만든다.

사랑이 없는 사귐은 너를 위선자로 만든다.

사랑이 없는 성공은 너를 오만하게 만든다.

사랑이 없는 부는 너를 탐욕스럽게 만든다.

사랑이 없는 온유는 너를 비굴하게 만든다.

사랑이 없는 빈곤은 너를 불평꾼으로 만든다.

사랑이 없는 아름다움은 너를 우스꽝스럽게 만든다.

사랑이 없는 권위는 너를 폭군으로 만든단다.

사랑이 없는 일은 너를 노예로 만든단다.

사랑이 없는 순진함은 너를 타락시킨단다.

사랑이 없는 법은 너를 속박한단다.

사랑이 없는 정치는 너를 이기적으로 만든단다.

사랑이 없는 인생은······ 아무런 의미가 없단다."

사랑은 관계들에 의미를 부여합니다. 사랑은 우리를 더 유순하게, 더 완전하게, 더 헌신적으로 만듭니다. 하지만 사랑은 우리를 더 큰 고통에 직면하게 합니다. 우리 시대에 몹시 그리운 교황 요한 바오로 2세께서는 사랑에 헌신하신 일생의 당당한 증거입니다. 교황이 자신을 쏜 남자를 용서한 이야기는 감동적입니다. 전 세계에 걸친 그분의 여행은 이 땅에 평화를 증진시켰습니다.

나는 로마에 잠깐 머문 적이 있는데, 그때 교황 요한 바오로 2세의 서거 5년을 맞이하는 기념 미사에 참례할 기회를 얻었습니다. 미사 집전 동안 교황 베네딕토 16세께서는 그의 전임자가 당신 일생을 바쳤던 그리스도의 사랑, 차고

넘치는 무조건적 사랑에 감동받았다고 말하였습니다. 베네
딕토 16세께서는 말씀하였습니다.

"그가 우리와 똑같은 나그네 길에서 세상에 하느님 사랑의 향
기를 뿌릴 수 있었던 것은 그 자신이 사랑 안에서 멈추지 않고
하느님께 더 가까이 갔기 때문입니다.

그는 점점 육체적으로 쇠약해졌지만, 이것이 그의 바위와 같
은 굳건한 신앙, 그의 빛나는 희망, 그의 맹렬한 자애를 결코 약
화시키지 못했습니다. 그는 교회를 위해, 전 세계를 위해, 그리
스도의 사랑으로 자신을 완전히 소모시켰습니다. 그는 모든 이
들을 제압하는 이 사랑으로 끝까지 그의 고통을 살았습니다."

이런 경지를 보여준 정치적 지도자들도 없는 것은 아닙
니다. 간디는 비폭력을 위해 기나긴 길을 갔습니다. 그는
한 나라를 움직였습니다. 그는 단식했습니다. 그는 비폭력
의 세상을 꿈꾸는 모든 종교들 간의 차이를 이해하려 했습
니다. 그의 평화에 대한 제안은 순진하게 보였지만, 시간은
그가 옳았다고 증명했습니다. 그 여린 인물은 '포옹'이라

는 위대한 행보로 거대해지고 강력해졌습니다.

넬슨 만델라는 위대한 영혼의 또 하나의 본보기입니다. 그는 27년 동안 감옥에 머물렀고 사랑을 하고자 감옥을 떠났습니다. 다음 글은 그에게서 나온 것입니다.

"어느 누구도 그들의 피부색 또는 살아온 배경이나 종교 때문에 다른 사람을 싫어하도록 태어나지 않았습니다.

미움이라는 것은 학습되는 것입니다.

그리고 미움이 학습되는 것이라면,

사랑 역시 가르쳐질 수 있는 것입니다.

사랑은 그 반대인 미움보다 사람의 마음에 보다 자연스럽게 터를 잡습니다.

사람의 친절은 숨길 수는 있으나 결코 소멸되지 않는 불꽃입니다."

우리는 이 사랑의 능력을 구할 필요가 있습니다. 충돌을 해결하는 데 미움은 그릇된 방법입니다. 어떤 형태건 폭력은 하느님과 우리 사이, 형제들과 우리 사이를 갈라놓습니다.

모든 율법은 이 예수님의 아름다운 가르침에 요약되어 있습니다.

"내가 너희를 사랑한 것처럼 너희도 서로 사랑하여라. 이것이 나의 계명이다."

성 아우구스티노는 이 계명을 설명하면서 심오한 사상을 설파하였습니다.

"사랑하십시오. 그리고 여러분이 원하는 것을 하십시오.

누구나 한번은 작은 규칙이 필요합니다. 여러분이 하고 싶으신 대로 사랑하고 행동하십시오. 여러분이 침묵한다면, 사랑을 위해 하십시오. 여러분이 소리친다면, 사랑을 위해 그리 하십시오.

여러분 안에 사랑의 꽃을 키우십시오. 오직 이것으로부터만 참으로 선한 것이 나오기 때문입니다."

사랑하는 사람은 결코 과오를 범하지 않습니다. 사랑은 우리들이 이 세상에 태어난 선한 이유를 위해서도 꼭 필요합니다! □

기도

주님, 사랑의 하느님, 사랑을 가르쳐 주세요.

제 눈이 감기더라도,

사랑하는 법을 가르쳐 주세요.

제 귀가 멀어도,

사랑하는 법을 가르쳐 주세요.

제 입이 다물더라도,

사랑하는 법을 가르쳐 주세요.

제 팔과 다리가 지쳐도,

사랑하는 법을 가르쳐 주세요.

세상이 제게 다른 가치를 보여주어도,

사랑하는 법을 가르쳐 주세요.

제 형제가 저를 배반해도,

사랑하는 법을 가르쳐 주세요.

희망을 잃어도,

사랑하는 법을 가르쳐 주세요.

믿음이 없는 순간에도,

사랑하는 법을 가르쳐 주세요.

저는 사랑하고 싶습니다, 주님.

먼저 당신을 그리고 그다음 제 형제들을.

저는 당신 성령의 성전으로서 이기심 없이 제 자신
을 사랑하고 싶습니다.

아멘.

10

십자가에 못 박히심

—

예수께서는 마침내 그들의 손에 넘어가 몸소 십자가를 지시고 성 밖을 나가 히브리 말로 골고타라는 곳으로 향하셨다. 골고타라는 말은 해골산이란 뜻이다. 여기서 그들은 예수를 십자가에 못 박았다. 그리고 다른 두 사람도 십자가에 달아 예수를 가운데로 하여 그 양쪽에 하나씩 세워 놓았다. 빌라도가 명패를 써서 십자가 위에 붙였는데 거기에는 '유다인의 왕 나자렛 예수'라고 씌어 있었다. 그 명패는 히브리 말과 라틴 말과 그리스 말로 적혀 있었다. 예수께서 십자가에 달리신 곳이 예루살렘에서 가깝기 때문에 많은 유다인들이 와서 그것을 읽어 보았다. 유다인들의 대사제들은 빌라도에게 가서 " '유다인의 왕'이라 쓰지 말고 '자칭 유다인의 왕'이라고 써 붙여야 합니다" 하고 말하였으나 빌라도는 "한번 썼으면 그만이다" 하고 거절하였다. 예수를 십자가에 못 박아 단 병사들은 예수의 옷가지를 가져다가 네 몫으로 나누어서 한 몫씩 차지하였다. 그러나 속옷은 위에서 아래까지 혼솔 없이 통으로 짠 것이었으므로 그들은 의논 끝에 "이것은 찢지 말고 누구든 제비를 뽑아 차지하기로 하자" 하여 그대로 하였다. 이리하여 "그들은 내 겉옷을 나누어가지며 내 속옷을 놓고는 제비를 뽑았다" 하신 성서의 말씀이 이루어졌다. 예수께서는 당신의 어머니와 그 곁에 서 있는 사랑하시는 제자를 보시고 먼저 어머니에게 "어머니, 이 사람이 어머니의 아들입니다" 하시고 그 제자에게는 "이분이 네 어머니시다" 하고 말씀하셨다. 이때부터 그 제자는 마리아를 자기 집에 모셨다.

요한복음 19장 17절-27절

우리 모두는 예수님의 죽음에 대한 이 성경 구절을 알고 있습니다. 사랑은 분명히 미움에 의해 제압되었습니다. 그리하여 사랑이 채찍질, 굴욕, 포기의 고초를 겪게 되었습니다. 예수님을 환호하던 백성들이 유다인 대사제들의 선동으로 그분을 단죄하였습니다. 예수님을 위대하신 지도자로 맞이했던 백성들이 그들의 의견을 바꾸었습니다. 그들은 심판했습니다. 빌라도는 그 일에서 손을 씻었습니다. 그는 타협하기를 원치 않았지만, 결국 타협했습니다. 그리하여 예수님께서는 자신의 어깨 위에 모든 이의 죄를 지우셨습니다.

십자가상에서 예수님은 당신의 어머니를 당신이 사랑하는 제자, 요한에게 맡기셨습니다. 그리고 예수님은 그들에게 서로 보살피라고 당부하셨습니다. 예수님께서는 인류를 그분의 어머니에게 맡기셨습니다. 성모님이 보여준 평정은 모든 여인들과 모든 남자들에게 영감이 되어야 합니다.

왜 예수님께서는 단죄받으셨나요? 왜 그분께서는 시대

의 권력들에 동참하지 않으셨나요? 왜 그분께서는 당시 기득권 세력에 위협이 되었을까요? 왜 그분은 사랑을 말씀하셨나요? 왜 그것이 이상향으로 보였을까요? 왜 그분께서는 세상의 왕들처럼 스스로를 왕으로 만들지 않으셨나요? 왜 그분은 폭력을 받아들이지 않으시고, 무기를 들지 않으시고, 군대 갖기를 원하지 않으셨나요?

왜 예수님께서는 단죄받으셨나요? 나는 지금 예수님의 구원 경륜에 대해 말하고자 하는 것이 아닙니다. 오히려 예수님의 예루살렘 입성을 환호하던 군중들이 단 며칠 만에 적대자로 돌변한 그 충격적인 사건에 대해 말하고자 하는 것입니다. 거듭 묻지만, 그 사람들은 그들의 의견을 바꿨을까요? 그들은 그리 쉽게 영향받을 수 있었을까요? 우리는 누군가를 좋아하고, 누군가를 감탄할 수 있습니다. 그리고 어떤 소문이 이 이미지를 이내 파괴할 수 있습니다.

시기와 중상은 실로 가혹합니다. 어떻게 우리 혀에 그런 파괴적인 힘이 있는 것일까요? 모르긴 모르되 각자에게 이런 소문의 희생자가 되었던 경험들이 있을 겁니다. 아니,

확실히 누구에게나 이런 경험들이 있습니다. 우리가 이런 고통을 경험한 것이 사실일진대, 왜 우리는 똑같은 고통을 다른 이들에게 가하는 것일까요?

성 필립보 네리는 신자들에게 창조적 보속을 내렸던 것으로 유명한 사제입니다. 한번은 한 여성이 다른 사람에 대해 심하게 말한 죄를 저질렀다고 그에게 고백했습니다. 그녀는 이 죄로 여러 번 고해 성사를 봤지만, 똑같은 죄를 반복해서 저지르는 잘못을 피할 수 없었다고 말했습니다. 성 필립보 네리는 그 여성의 고백을 주의 깊게 듣고 나서 그녀에게 다음의 보속을 주었습니다. 그녀가 회초리로 닭을 몰며, 로마 거리를 한 바퀴 걷고, 이를 반복하도록 말입니다. 그녀는 주어진 보속을 다 하고서 다시 신부님을 만나러 왔습니다. 그녀가 그밖에 무엇을 해야 할지 물었을 때, 성 필립보는 정곡을 찔렀습니다. "이제는 당신이 걸었던 모든 거리로 돌아가서 닭의 깃털 하나하나를 모으시오. 그리고 주의하시오, 단 하나의 깃털도 잃지 마시오."

그 여인이 대답했습니다. "하지만 신부님, 이건 불가능해요! 바람이 너무 심해서 저는 결코 모든 깃털들을 거두지 못할 것입니다."

"나도 압니다, 자매님. 나는 자매님이 교훈을 배웠기를 바랍니다. 자매님의 험담은 이 깃털들과 같습니다. 생각 없는 말들은 흩어져 그 후에 그것들은 다시 주워 담을 수 없습니다."

소문들은 이와 같습니다. 험담은 파괴적입니다. 말이 나오게 되면 우리는 그 말의 노예가 됩니다.

성스런 말씀, 우리는 그 말씀에서 출발하여 우리들의 성찰을 시작했습니다. 말씀은 세우는 힘이 있습니다. 그리고 그것은 세우는 데에 사용되어야 합니다.

말이 파괴하는 데 쓰이기 시작하면 그 말은 잔인하게 작동됩니다. 아주 많은 결혼들이 나쁘게 한 말들로 파멸되며, 많은 우정들이 나쁘게 내뱉은 말로 끝납니다. 너무나 많은 사람들이 파괴하려고만 하고 세우려하지 않습니다. 이는 다른 사람들과 그들 자신들의 삶에 불행을 가져옵니다.

소문, 험담, 음모 등은 계속 의도한 영향을 미칩니다.

예수님께서는 사랑의 단절을 다시 잇기 위하여 돌아가셨습니다. 죽음은 우리를 새로운 삶으로 이끄는 다리와 같습니다. 우리가 해야 할 모든 것은 그저 그 다리 위를 걷는 것뿐입니다. 가장 큰 노력은 이미 이루어졌습니다. 가장 무거운 십자가는 이미 옮겨졌습니다. 성부의 약속, 아가페는 완수되었습니다. 우리들이 해야 할 일은 날마다 사랑 안에 살며 이 구원의 책임을 맡는 것뿐입니다.

십자가는 구원의 역사에서 중심적인 사건입니다. 죽음이 없으면, 부활이 있을 수 없습니다. 죽음은 성부에 대한 예수님의 순명의 표시입니다. 이 순명은 하느님께서 죽음보다 더 크시기 때문에 죽음으로 끝나지 않는 순명인 것입니다.

아기 예수의 성 소화 데레사는 "십자가는 사랑으로만 치를 수 있는, 사랑을 위한 광란이다!"라고 말하였습니다.

십자가는 내어줌의 표징입니다. 이는 사랑의 가장 큰 증거입니다. 사람들의 죄악들은 십자가의 나무속으로 못 박히게 되었습니다. 이리하여 하느님과 단절을 가져온 죄가 청산되고 인간과 하느님 사이에 사랑의 가교가 놓였습니다.

열정적인 성인이며 교회의 박사로 공경받는 아빌라의 성
데레사는, 십자가에 대한 아름다운 시를 남겼습니다.

"내 생애 매우 기쁜 평온,

그리하여 환영합니다, 복된 십자가,

오, 당신께서 약자들을 보호하신 상징 그리고 당신께서 강하
게 만드신 그것!

오, 우리 죽음에서 나온 생명,

얼마나 훌륭히 당신을 부활시켰나!

그리하여 환영합니다, 복된 십자가여.

당신을 사랑하지 않은 사람들은 속박 속에 살고, 자유를 빼앗
겼나이다.

두려움 없이 당신을 포옹하는 사람들은 잘못된 길을 가지 않
나이다.

오, 얼마나 행운인가 당신의 왕국!

어디 한곳 나쁜 여지가 없는 곳!

이리하여 환영합니다, 복된 십자가여."

십자가를 환영하며 받아들이는 것은 고난의 삶을 받아들이는 것입니다. 성녀는 가장 궁핍한 사람들을 위한 예수님의 편애에 매료되었습니다.

아기 예수의 성 소화 데레사는 항상 순명의 덕에 충실하였습니다. 성녀는 수녀원을 떠나지 않고, 자신의 기도 봉헌으로 선교의 후원자가 되었습니다. 그녀는 수도자 가족의 가장 어린 일원이었습니다. 그녀의 언니가 가르멜 수도원 부원장이었을 때, 그녀는 데레사가 자신의 힘으로 보호되고 있지 않다는 사실을 보여 주기 위해 일부러 가장 강렬한 굴욕 속으로 보냈습니다. 데레사는 젊은 나이에 죽었습니다. 그녀는 사랑이 인생을 더욱 강렬하고 훨씬 더 길게 만든다는 상징으로 돌아가셨습니다.

"저의 일생은 그저 순간의, 단순한 지나가는 시간이며,
저의 일생은 오늘 이 하루, 사라지고 날아가 버립니다.
오 주님, 당신께서는 알고 계십니다. 이 땅 위에서 당신을 사랑하기 위해,

저에게는 오늘 이 하루밖에는 없다는 것을!"

성녀는 기도의 힘에 대해서도 글을 남겼습니다.

"저에게는 기도가 마음의 움직임입니다. 그것은 천국을 향한 단순한 일별입니다. 그것은 기쁨의 때와 마찬가지로, 시련의 때에 감사와 사랑의 울부짖음입니다. 마지막으로 그것은 제 영혼을 팽창시키고 저를 예수님께 일치시키는 무언가 위대하고, 초자연적인 것입니다."

마침내 성녀는 말합니다.

"저는 사도의 소명을 갖고 있습니다……. 저는 세상을 다니며, 그분의 이름을 전파하고, 영광스러운 십자가를 불신자들의 땅에 심고 싶습니다."

성 데레사와 성 소화 데레사처럼, 십자가를 사랑의 교훈으로 삼은 많은 다른 여성들과 남성들이 있습니다.

브라질 땅에서 또 다른 유명한 여인이 예수님 십자가의 목적을 완수하기 위해 가장 가난한 자들, 가장 작은 자들을 돌보는 행위로 사랑의 씨앗들을 심었습니다. 수녀 둘체는 실행의 여인뿐 아니라, 기적의 여인이었습니다.

내가 읽은 아름다운 책『둘체 수녀 – 바히아의 착한 천사 Sister Dulce-The Good Angel of Bahia』의 한 구절에서 그녀는 이렇게 썼습니다.

"우리 힘의 모든 것은 기도에 있습니다. 그것 없이 우리는 아무것도 할 수 없습니다.

우리가 가난한 사람들 사이에서 우리 사명을 수행하기 위해 필요한 은총을 하느님으로부터 얻는 것은 기도의 중재를 통해서입니다. 우리는 유혹의 대상인 연약한 인간입니다. 기도를 통해, 하느님께서는 우리의 고통받는 형제들과 가난한 이들을 위해 우리가 무조건적 사랑과 헌신의 일을 완성하는 데 필요한 모든 은총을 보내주십니다.

기도는 우리 영혼의 양식이기에, 기도하지 않고서 우리는 살 수 없습니다. 기도는 어느 장소에서나, 어느 때나 할 수 있습니다. 우리와 세상 모든 이들의 죄 사함을 청하기 위해, 우리는 우리의 들숨 날숨을 하느님께 바칠 수 있습니다. 그리고 너무나 우리를 사랑하셨고, 지금도 사랑하시는 하느님께 우리의 사랑을 바치는 몸짓으로 심장의 모든 박동을 바치면서, 우리는 잠자고 있을 때조차 기도할 수 있습니다. 그렇게 잠잘 때조차 우리는 기도하고 있습니다."

기도는 우리의 삶에 의미를 부여합니다. 둘체 수녀의 삶뿐 아니라 우리 모두의 삶까지 말입니다. 둘체 수녀를 알았던 사람들이 말한 대로 그녀는 봉사했고 행복했습니다. 그들이 말하기를, 고된 하루 일과 후에도 둘체 수녀는 집으로 돌아가면서 콧노래 부르는 것을 자주 보았다고 했습니다. 다른 수녀들이 그녀와 함께 노래 부르기 위해 그녀가 돌아오기를 자주 기다렸을 정도로 그녀의 행복은 전염성이 있었습니다.

이런 행복은 몰아적 사랑의 보상입니다. 이는 도움이 가장 필요한 사람들을 돌보기 위해 자신들의 개인적 재산들을 과감히 나눈 수많은 사람들이 경험한 센세이션이기도 합니다. □

기도

제가 사랑하는 주님,

저는 당신께서 흘리신 피에 감사합니다.

저는 제 죄들을 위한 주님의 고난에 감사합니다.

저는 당신의 사명을 끝까지 수락한 당신의 겸손에 감사합니다.

제가 사랑하는 주님,

미움은 사랑을 이기지 않았습니다.

미움은 결코 사랑을 이길 수 없습니다!

저는 당신께 저의 생각에 자주 남아 있는 미움을 맡깁니다.

저는 당신께 제 행위, 제 말에 자주 남아 있는 미움을 의탁합니다.

주님, 미움의 악에서 제가 벗어나게 해 주십시오. 주님, 악담의 악에서 제가 벗어나게 해 주십시오.

주님, 부족한 사랑의 악에서 제가 벗어나게 해 주십

시오.

저는 당신 사랑의 계획에 '예' 하기를 원합니다.

저는 자유롭습니다, 주님. 당신의 생명이 저를 자유
롭게 해 주십니다. 당신의 죽음이 저를 자유롭게 해 주
십니다. 당신의 부활이 저를 자유롭게 해 주십니다.

제가 사랑하는 주님,

여기, 당신의 영광으로 살려주시고 자유롭게 해 주
신 제가 있습니다.

당신 손안에, 주님, 저는 저의 행위와 저의 의도를
내려놓습니다.

저는 당신의 어머니요, 저의 어머니를 돌보는 요한
처럼 되고 싶습니다.

저는 돌보고 사랑하도록 불리움 받은 요한같이 되고
싶습니다.

여기, 실수하는 죄인 그러나 사랑 가득한 제가 있습니다, 주님.

당신의 뜻을 제 안에서 이루소서, 성모님처럼, 성모님과 함께.

아멘.

11

제자들에게 나타나시다

안식일 다음 날 저녁에 제자들은 유다인들이 무서워서 어떤 집에 모여 문을 모두 닫아걸고 있었다. 그런데 예수께서 들어오셔서 그들 한가운데 서시며 "너희에게 평화가 있기를!" 하고 인사하셨다. 그리고 나서 당신의 손과 옆구리를 보여주셨다. 제자들은 주님을 뵙고 너무 기뻐서 어쩔 줄을 몰랐다. 예수께서 다시 "너희에게 평화가 있기를! 내 아버지께서 나를 보내주신 것처럼 나도 너희를 보낸다" 하고 말씀하셨다. 이렇게 말씀하신 다음 예수께서는 그들에게 숨

을 내쉬시며 말씀을 계속하셨다. "성령을 받아라. 누구의
죄든지 너희가 용서해 주면 그들의 죄는 용서받을 것이고,
용서해 주지 않으면 용서받지 못한 채 남아 있을 것이다."

요한복음 20장 19절-23절

예수님께서는 죽은 이들 가운데서 부활하셨습니다. 이것
이 우리 신앙의 근거입니다. 부활절은 그리스도교 전례력
에서 가장 큰 축제입니다. 구약에서 부활 예절의 전신인 과
월절 예절은 종살이에서 자유를 얻게 됨을 경축하는 축제
였습니다. 즉, 하느님의 백성들이 이집트 종살이에서 탈출
하여 약속의 땅으로 가게 된 역사적 사건을 기념하기 위한
것이었습니다. 부활절에 우리 신자들은 죽음에서 생명으로
나아가는 통과 의례를 치릅니다. 그리스도께서 부활하지
않으셨다면 우리의 신앙은 의미가 없었을 것이라고 사도
바울로는 우리에게 가르쳐줍니다. 그리스도께서는 부활하

셨습니다. 이것이 기쁜 소식입니다. 부활은 우리에게 새로운 전망을 가져옵니다. 미움은 사랑을 물리치지 못했고, 죽음은 생명을 물리치지 못했습니다. 예수님을 단죄한 이들의 힘은 작고 하찮은 것이었습니다. 그분께서는 훨씬 더 크셨습니다. 예수님께서는 죽음을 물리치시고 우리들에게 빛나는 일출을 가져 오셨습니다. 우리는 이미 빛에 대하여 이야기했습니다. 이제 이 빛은 부활의 소식입니다. 죽음의 어두움은 부활절의 빛나는 일출을 막기에는 역부족이었습니다.

그리고 예수님께서는 제자들 앞에 발현하여 그분의 생명의 말씀을 전하십니다. "너희에게 평화가 있기를!" 이는 오늘날 전 세계 모든 곳에 울려 퍼져야 할 말씀입니다. "내 아버지께서 나를 보내주신 것처럼 나도 너희를 보낸다." 예수님께서는 사제들, 여자와 남자들, 청소년들과 노인들 그리고 어린이들을 보내십니다. 예수님께서는 우리 모두를 세상에 이 사실을 선포하도록 보내십니다. "너희에게 평화가 있기를!"

이 말씀은 성찬례에 도입되어 사제와 신자들 사이에 계응으로 교환됩니다. 사제가 "평화가 여러분과 함께!"라고 신자들에게 빌어주면 신자들은 사제에게 "또한 사제와 함께!"라고 기도해 주는 것입니다.

우리를 일치시키는 것은 그리스도의 사랑입니다. 아가페는 우리를 일치시킵니다. 아가페는 창조주의 사랑, 구세주의 사랑, 성령의 사랑입니다. 삼위일체께서는 우리를 일치시켜 평화가 우리의 꿈, 우리의 도전이라고 선포케 하십니다.

사랑하는 형제 여러분, 우리는, 누구나가 마찬가지로, 생의 고통을 겪으며 평화의 결핍을 경험했습니다. 평화는 전쟁의 부재가 아닙니다. 평화는 생략될 수 있는 것이 아닙니다. 평화는 행동입니다. 평화는 사랑의 실존입니다.

「어린이들에게 보내는 사목교서 The Pastoral Letter to Children」는 '결국, 평화란 무엇인가?'라는 질문에 아름다운 답변을 상세히 서술합니다.

"평화는 나라 간의 전쟁의 부재뿐만이 아닙니다.

평화는 모든 사람들이 집, 음식, 의복, 교육, 건강 관리, 사랑,

이해력, 나아가 좋은 품질의 삶을 보장해 주는 것입니다.

평화는 우리가 사는 환경을 돌보아 좋은 품질의 물, 기본적 위생, 깨끗한 공기, 그리고 지구의 훌륭한 관리를 보장하는 것입니다.

평화는 문제들을 직면하고 어려움들을 해결할 수 있는 힘과 좋은 생각을 가지고 좋은 시절 동안 행복 안에 살기 위해, 사람들 안에서 평온을 찾는 것입니다. 이 모든 것들을 피해갈 필요는 없습니다.

무엇보다도, 평화는 가정과 공동체의 조화와 안녕의 풍토를 창조하고 있고, 사랑이 있는 곳에 평화가 있고, 평화가 있는 곳에 하느님께서 계시며, 하느님이 계시는 곳에는 어느 것도 부족하지 않습니다!"

예수님께서는 우리에게 평화를 주시기 위해 미움, 모욕, 그리고 죽음에 맞서셨습니다. 예수님께서는 우리를 일치시키기 위해 비열한 권력에 맞서셨습니다. 그분의 사랑이 우리를 일치시키셨고, 또 계속 우리를 일치시킵니다.

평화의 도전은 교황 바오로 6세께서 가정 교회로 부르신, 가족에서 시작됩니다. 남편과 아내 사이의, 부모와 아이들 사이의, 형제들 사이의 관계에서 평화를 경험하는 것이 필요합니다. 미움은 파괴하고, 평화는 건설합니다. 미움으로 점철된 가족사는 그들의 삶과 자녀들과의 추억을 파괴합니다. 사랑으로 점철된 가족 역사는 건강하고, 조화롭고, 밝은 인생을 건설하는 힘을 갖습니다. 평화는 빛을 가져오며, 미움은 어두움을 가져옵니다. 우리는 폭력이나 공격을 원하지 않습니다. 우리들은 평화, 바로 그리스도의 거룩한 평화를 원합니다.

아씨시의 성 프란치스코의 잘 알려진 기도는 훌륭하게 평화의 개념을 요약합니다.

평화의 기도
주여, 나를 당신의 도구로 써 주소서.
미움이 있는 곳에 사랑을
다툼이 있는 곳에 용서를

분열이 있는 곳에 일치를

의혹이 있는 곳에 신앙을

그릇됨이 있는 곳에 진리를

절망이 있는 곳에 희망을

어두움에 빛을

슬픔이 있는 곳에 기쁨을 가져오는 자 되게 하소서.

위로받기보다는 위로하고

이해받기보다는 이해하고

사랑받기보다는 사랑하게 하여 주소서.

우리는 줌으로써 받고

용서함으로써 용서받으며

자기를 버리고 죽음으로써 영생을 얻기 때문입니다.

성 프란치스코는 우리에게 덕행으로 악과 싸우라고 가르칩니다. 모든 살아 있는 덕행은 악을 물리칩니다. 미움, 공격, 불화, 의심, 과오, 절망, 슬픔, 그리고 어두움 등은 사랑, 용서, 일치, 신앙, 진리, 희망, 그리고 빛을 통해 극복됩니다.

위로받기보다는 위로하는 것이 더 고상합니다. 이해받기보다는 이해하는 것이 더 그리스도인답고, 사랑받기보다는 사랑하는 것이 우리를 더 행복하게 합니다. 성인은 내세에서 누릴 평화를 준비하기 위해 이 삶에서 아낌없이 사랑하라고 가르칩니다.

평화의 승리는 일상생활에서 생겨납니다. 이는 천국의 기대에서 옵니다.

아기 예수의 성녀 데레사는 천국을 우리를 고무시키는 종말론적 희망으로 설명합니다.

> "오! 그 순간, 방해 없이 아주 많은 기쁨이 있고
> 선발된 이들이 영광스러이 나타날 때
> 당신의 사랑으로 우리는 보상을 얻게 될 것입니다
> 영원히, 천국에서 사랑하기 위해……
> 이승 저편에서 우리는 더 이상 고통 받지 않을 것입니다
> 오히려 우리의 천상 집에서 편히 쉬며
> 이승 저편에는 신앙을 훨씬 넘어서, 오직 희망의

기쁨, 사랑의 황홀함만이 있을 것입니다."

십자가와 부활의 열매가 평화입니다. 더는 희생이 필요
하지 않습니다. 거룩하신 어린 양께서 이미 희생되셨습니
다. 하느님을 따르는 사람들이 그분께 드리는 이 생기 넘치
는 예물은 바로 사랑입니다! □

기도

주님, 제가 당신께 평화를 청합니다.

저의 집에 평화

저의 가족에 평화

세상의 모든 가족들 안에 평화

거리에 평화

학교에 평화

사업에 평화

광장에 평화

남녀들의 마음에 평화

교회에 평화

감옥에 평화

병원에 평화

고속도로에 평화

도시에 평화

시골에 평화

주님, 제가 당신께 그 평화를 청합니다.

당신의 사랑이 우리를 일치시키시기에

평화는 당신의 사랑이 헛되지 않았다는 확신입니다.

평화, 주님.

평화, 주님.

제가 당신께 평화를 청합니다.

아멘.

12

베드로의 사랑 고백

—

모두들 조반을 끝내자 예수께서 시몬 베드로에게 "요한의 아들 시몬아, 네가 이 사람들이 나를 사랑하는 것보다 더 나를 사랑하느냐?" 하고 물으셨다. 베드로가 "예, 주님. 아시는 바와 같이 저는 주님을 사랑합니다" 하고 대답하자 예수께서는 "내 어린 양들을 잘 돌보아라" 하고 이르셨다. 예수께서 두 번째 "요한의 아들 시몬아, 네가 나를 정말 사랑하느냐?" 하고 물으셨다. "예, 주님. 아시는 바와 같이 저는 주님을 사랑합니다" 베드로가 이렇게 대답하자 예수께서는

"내 양들을 잘 돌보아라" 하고 이르셨다. 예수께서 세 번째로 "요한의 아들 시몬아, 네가 나를 사랑하느냐?" 하고 물으시자 베드로는 세 번이나 예수께서 "나를 사랑하느냐?" 하고 물으시는 바람에 마음이 슬퍼졌다. 그러나 "주님, 주님께서는 모든 일을 다 알고 계십니다. 그러니 제가 주님을 사랑한다는 것을 모르실 리가 없습니다" 하고 말하였다. 그러자 예수께서 "내 양들을 잘 돌보아라" 하고 분부하셨다.

요한복음 21장 15절-17절

베드로는 예수님께서 그분 교회의 첫 번째 수장으로 뽑은 사도입니다. 전승은 그가 까다로운 기질을 가졌다고 우리에게 전합니다. 복음서는 그가 두려워했고 세 번이나 예수님을 부인했다고 전합니다. 예수님께서는 완전한 사람들을 선택하지 않으셨습니다. 베드로의 두려움은 성령의 강림으로 극복되었습니다.

요한복음의 마지막 장인 이 구절에서 예수님께서는 베드로에게 정말로 당신을 사랑하는지 물으십니다. 그리고 베드로는 더듬지 않고 대답하였습니다. 그는 스승님을 사랑한다고 대답합니다. 그러나 예수님께서는 집요하게 물으셨습니다. 그리고 그 역시 고집스럽게 대답했습니다. 예수님을 세 번이나 부인했던 베드로는 세 번이나 자신의 사랑을 입증해야 했습니다.

이 질문은 필연적입니다. 그리고 이는 오늘 우리 각자에게 던져집니다. 부활하신 예수님께서 마치 우리들의 눈을 바라보시며 우리들이 진정 당신을 사랑하는지를 물어보십니다. "너는 나를 사랑하느냐?"

대답은 간단하고, 분명합니다. 우리 모두가 '예'라고 대답해야 합니다. 그리고 그 질문이 반복되면, 우리는 그 대답을 반복해야 합니다. 이윽고 세 번째로 예수님께서 물으시면, 우리는 세 번째도 예수님을 사랑한다고 말해야 합니다.

하지만 여기서 문제가 생겨납니다. 그 질문과 응답은 이론적입니다.

그런데 실제로 예수님께서 무엇을 원하십니까? "내 양들을 잘 돌보아라."

여기서 우리는 이론에서 실천으로 옮아갑니다. "내 양들을 잘 돌보아라."

그런데 예수님의 양들은 누구들입니까? 우리는 이미 〈착한 목자〉 대목에서 이에 대해 묵상했습니다. 우리 모두가 예수님의 양들입니다. 우리 모두 양들을 돌보도록 그리고 목자에게 돌봄을 받도록 초대받았습니다. 이는 이상해 보이지만 단순한 얘기입니다. 때로 우리는 돌봄을 받을 필요가 있는 양들이고, 때로 우리는 무리들을 돌볼 힘이 있는 목자들입니다.

예수님께서는 베드로에게 이 사명을 주시어 당신의 교회를 돌보도록 위임하셨습니다. 그러나 베드로조차 여러 번이나 그의 형제들로부터 돌봄을 받아야 했습니다. 우리는 동시에 목자이자 양들입니다. 우리는 돌봐야 하고 또 돌봄을 받아야 합니다.

내가 누군가로부터 받은 아름다운 시가 있습니다.

"운명에 대한 경의

우리들의 의견을 표현하는 말들이 생각 속에 있다면 말하기는 아주 쉽지만
우리들이 정말 하고 싶은 말을 몸짓과 태도를 통해 표현하기는 어렵다.

주변에 노출되어 있는 사람들을 판단하기는 쉽지만
우리 자신의 과오들을 발견하거나 반성하기는 어렵다.

듣고 싶은 것을 말하는 사람과는 사귀기 쉽지만
진정한 친구로서 필요할 때 진실을 말하기는 어렵다.

다른 누군가의 상황을 분석하고 충고를 주기는 쉽지만
그 상황을 직접 경험하고 무엇을 해야 하는지 아는 것은 어렵다.

누군가가 자신을 괴롭힐 때 화내고 참지 못하는 것은 쉽지만

정말로 자신을 아는 누군가에게 자신의 사랑을 표현하는 것은 어렵다.

내일을 걱정할 필요 없이 사는 것은 쉽지만
매일 자신의 충동적이고 가끔은 성급한 태도를 반성하고 개선하려고 노력하는 것은 어렵다.

우리들이 감추려고 하는 것에 대해 세상에 거짓말하기는 쉽지만
우리들 자신의 마음에 거짓말하기는 어렵다."

이 시는 나로 하여금 신학교 시절들과 윤리에 대한 긴 시간의 성찰들을 생각나게 합니다. 그 시인이 우리 자신의 마음 안에 거짓말을 하는 것에 대해 말할 때, 시인은 우리의 주의를 본질적 질문으로 이끕니다. 우리는 가끔 사람들을 속이고, 이야기를 만들어 내고, 다른 이들을 비난하곤 하지만, 우리의 양심은 그런 얘기들이 진실이 아니라는 것을 알고 있습니다.

우리 안에는 무엇을 할지 어떻게 할지를 우리에게 말해 주는 양심인 하느님의 광채가 있습니다. 존재가 아닌 소유 위에 기초한 세상은 그리스도교 윤리와 양립할 수 없는 세상입니다.

가정과 학교에서 어린이들은 종종 경쟁을 배웁니다. 사람들은 다른 사람들보다 더 잘 되기를 바라고 있습니다.

하지만 그리스도께서는 이기라고 가르치지 않고 다른 사람을 돌보라고 가르치십니다. 그리스도 안에서는 패배의 충격으로 야기된 열등감이 불필요합니다. 삶 자체가 위대한 승리입니다.

그리고 윤리적으로 사는 삶은 행복으로 가는 길입니다.

윤리적인 삶은 예수님의 계명을 완수하는 것입니다.

다른 사람들이 우리들에게 하지 않았으면 하는 일들을 그들에게도 하지 않는 것, 그것이 윤리입니다. 윤리란 말과 행동에 대해 책임을 지는 것입니다.

아가페 사랑은 윤리에 필수적입니다. 사랑하는 사람은 좋은 일을 하고 윤리적이며 올바릅니다. 윤리는 올바른 교육과 매일의 연습과 함께 성경 말씀을 자주 읽음으로 습득됩니다.

　우리 모두가 목자와 양이 되어 봅시다. 겸손한 목자가 되어 걱정하고 두려워하는 양들을 돌보도록 합시다. 우리의 말과 행동이 그리스도의 자비의 얼굴을 드러내게 합시다. 그분께서는 우리 안에 계십니다! □

기도

주 예수님,

저는 제 형제들을 돌볼 수 있도록 제 생명을 당신께 바칩니다.

주 예수님,

저는 제 형제들로부터 돌봄을 받도록 제 생명을 바칩니다.

당신의 사랑을 위한 계획에서 당신의 사랑이 우리를 일치시키고 우리를 돌보도록 우리를 도구로 삼으소서.

주님, 제 선한 의도와 제 행위를 강하게 해 주십시오.

당신의 성령을 제게 부어 주십시오.

삶은 섬기는 것입니다. 섬김은 사랑하는 것입니다.

주 예수님,

저의 과거, 현재, 그리고 미래의 모든 것을 당신께 바칩니다.

저는 당신의 것이 되고 싶습니다.

저는 당신 진리의 사도가 되고 싶습니다.

저는 제 형제들을 돌보는 당신의 일을 계속하고 싶습니다.

제 신앙이 살아 있게 하여 주소서.

제 일들이 살아 있게 하여 주소서.

제 사랑이 굳건하게 하여 주소서.

저는 당신의 사도입니다, 주님.

온전히 당신의 것입니다.

영원히 당신의 것입니다.

아멘.